THE LOGIC OF SURVIVAL IN THE ADULT WORLD

成人世界
生存邏輯

武敬凱 著

跳脫你的預設人生

「嗤之以鼻」──這大概是我全書中最有印象的片段了。

「我在國中時拿了一把吉他書,對著夥伴說我要學吉他,結果同學卻只回應了我一句『嗤之以鼻』。」

我在看到這段的時候其實是有笑出聲來的,真的是太白目了,但往深了點想,又感到了一絲同情,因為這句話其實和一般的打打鬧鬧、開開玩笑是不同的,「嗤之以鼻」背後所蘊含的是深深的鄙視。表示他的朋友是真的打從心底瞧不起他,瞧不起他能做到,瞧不起他有那能力,也瞧不起他有那毅力。

而鄙視也許是這世界上最能毀人信心的武器了。

你能體會得出來嗎，連做這麼小的事情，都會被否定了，那當時的他到底會有什麼感受？那你說，在學校被人鄙視就算了，但如果在家還有溫暖的話，應該也好受一點吧？也沒有，武敬凱的家境是一言難盡——家裡貧窮，小學時便服就只有一件穿，玩個電腦遊戲還要跟兄弟賭上性命，甚至彼此間五年不講話……

我都不知道他是怎麼撐過來的。

有句俗話說：「家裡若是從商從政，一定要聽父母的，家裡若是從工從農，一定要遠離父母的認知。」因為我們在成長的過程中，父母會是你價值觀參考的依據，你父母的認知會變成你的認知，你父母的思維模式會變成你的思維模式。你處在那環境下，你會有很多的預設值，像是預設要追求什麼、預設的處事原則、預設的行動模式……等，你幾乎可以說是你父母的翻版，預

設道路都已經幫你鋪好了。

　　例如，你在窮人家出生，那你也許會覺得金錢是邪惡的，或是不敢表達自己的意見，以及有緊缺的思維，拿到了薪水就想趕快花光，因為你怕存下來就會被人給搶走；甚至是有暴力傾向、見不得人好、沒法跟人合作⋯⋯那你最終的結果，也就是像你的父母一樣，變成窮人。

　　而以武敬凱的成長環境來看，如果人生能打上難度的話，他可以說是地獄開局──他周遭佈滿那種「平庸的拉力」──沒有人期待他會成功，也沒有人會給他幫助，甚至就算他有意識到要跳出泥潭，都不知道要向誰求助⋯⋯

　　照理說，他根本沒有絲毫一點機會成功吧？

　　但武敬凱做到了！在這本書中，他會真誠且毫無保留地展示他的家庭環境和他一路走來的辛酸。也分享了他對於情感、商業、創業、成功的觀察和思考。你可以換

位想想，如果是你待在他的處境中，能不能做得比他更好？

　　在任何一個時代，跳脫階層都不是一件容易的事，但他透過反思，跳脫了他自己人生的預設道路，願你看完此書後，也能跳脫你自己人生的預設道路。

　　　　　　多米（網路行銷講師）

請別把讀書和學習，
當成「大腦自慰」

等等！

　　我知道很多人跟我一樣，看書的時候有個習慣，就是不習慣去看書中名為「序」、「前言」或是「開場」的篇章，因為多數在這個章節書寫的內容，都是一些讀者壓根兒不需要知道的陳詞濫調，所以我不會在這浪費你太多時間，主要是想避免你花錯冤枉錢，所以容我先把話在前頭講明：

　　這本書不適合不接受多元觀點的人看。

如果你看書的目的是為了找到更多同溫層，而不是吸收更多元的資訊、意見或觀點，以拓寬自己的認知邊界，那麼這本書絕對不適合你，如果要我講得更精準直白的話，應該說你其實不是想看書，也不是學習，你只是試圖找尋其他人，為你不見得正確的思想來背書罷了。

　　我保證你看完這本書一定會有收穫，我會嘗試用非常直白且不廢話的方式，傳遞給你我認為重要的知識，不過這本書的內容很有可能會毀了你的三觀，事實上，我認為讀書或學習的目的，就是為了「毀三觀」。

　　這本書會帶你用理性及邏輯推理，釐清人生中可能會面臨的挑戰，當然，如果光是這麼說，就難免淪為嘴砲，所以這邊想跟你分享我之前寫過的一篇文章〈為什麼會有恐龍法官？〉的部分內容。假設有一個統計結果是這樣的：「在非自撞的車禍中，超速的人，死亡率往往會比未超速的人高出 90%。」看到這個結果，我相信多數人會認為，如果想要減少發生車禍的機率，那肯定就得開慢點對吧？車

為什麼會有恐龍法官？

子開慢點，用常理推斷，那是肯定能減少在車禍中的死亡率沒錯，但問題就出在是超速的人死亡率比較高，還是闖紅燈的人死亡率更高呢？這個統計結果，非常有可能存在一個嚴重的錯誤，原因在於它忽略了事件的「情境」。

仔細想想就會知道，先姑且不論事發原因，車禍中的死者與活者，在權利上本就是不對等的，因為死者並沒有話語權，所以當警察問起車禍兩造之中活著的那位：「請問為什麼會發生車禍？」道德感低落或是一時緊張的人，為了規避責任，肯定會找理由說：「會發生車禍是因為對方車速太快。」難道死者有辦法辯駁說：「其實是因為對方闖紅燈」嗎？在這種情況下，如果在道路監視器覆蓋率不高的國家，就很有可能透過口供、訪談，而得到這樣的錯誤統計結果，這就是一種不理性的直覺推論。

好，現在你大致理解了這本書的作用，簡白的說，就是希望用理性的方式跟你傳達我認為正確的資訊，盡我所能幫助你成為一個具備媒體識讀、邏輯思維能力的人，

成為汙流之中的「人間清醒」，而之所以稱之為「人間清醒」，這也就意味著這本書所講述的內容，在某種程度上是跟大眾的普遍共識相左的，但如果你清楚心理學上的「羊群效應（The Effect of Sheep Flock）」，那麼你便會清楚「相左」並不等於「不正確」，甚至，大多人認為不正確的事，只有你認為正確，那麼你反倒很有可能鶴立雞群，就像 Elon Musk 當初想上火星，但一堆人覺得他是瘋子一樣。

如果要我試圖證明我的思考是否具備一定程度的正確性，那便是我年紀不過三十，但曾經擔任數家台灣市占率前三的公司的行銷顧問，時至今日也受邀完成了五百場以上的講座跟課程，如果我的想法真的是垃圾的話，那麼正確的姿態，應該是被市場給淘汰才對，但很慶幸的是我活下來了。

之前在網路上曾經發布過一支影片〈為什麼小資族比有錢人更愛亂花錢？〉，現在還掛在我的 Facebook 粉絲

為什麼小資族比有錢人更愛亂花錢？

專頁上，有兩百萬以上的觀看次數，裡面依然存在一些對於某些人而言「毀三觀」的結論，但是很多我原先認為是自己「原創」的觀點，總能有幸在某時某刻，偶遇某個學者提出過的理論，能替我的奇思妙想進行背書。例如影片中提到的核心觀念：「不管你是月薪三萬還是月薪十萬，都很難能在台北買到房。」我們可以藉用英國經濟學家凱因斯曾經提過的「邊際消費傾向（marginal propensity to consume）」來進行合理解釋。

好，現在你也大致理解我文字的風格了，我習慣提出一些理論及方法論來面對問題，如果你認為理性的人很討厭，那麼你很有可能買錯書，但有一句話是這麼說的：「情緒只能製造問題，不能解決問題」，所以我認為學習理性思考，還是挺必要的。

言下之意是，如果看完這本書之後，很榮幸能讓你認同我的觀點，那麼你可以理直氣壯地收藏這些有用的資訊，必要的時候拿出來向人展示，因為我會向你提出合理

的論證及科學理論，而我相信多數人在看完書之後，應該會在一時之間，難以接受我提出的反人性觀點，即便我提出的論證合理，並且有理論背書，那麼也很棒，如果你選擇接受了全新的觀點，也就意味著你的思考得到了翻轉，如果你反對了也沒關係，這意味著你可能比我聰明，甚至比多數學者都還聰明。

　　法國哲學家盧梭曾經說過：「人生而自由，卻無往不在枷鎖之中」，而這個枷鎖，正是受到人類普遍存在的「證實偏差（Confirmation bias）」所影響，也就是多數人傾向去接受那些自己已經認同的觀點，而不願意接受那些即便正確卻跟自己不同的想法。作為一個文明人的正確姿態，我認為可以帶著像是逛動物園的心態來閱讀每一本書，而看書的目的，僅僅是到別人的「腦袋百貨公司」逛一圈，有用的、喜歡的，那就帶走，沒用的、不喜歡的，那也大可不必跑到人家家裡去拉屎撒尿，起碼你了解到原來世界上還存在這麼一派人，竟然是「這麼思考的」，就商業的角度來看，這稱得上是「搜集數據」；而就成長

的角度來看，我認為這正是學習的目的。

　　我一直認為，對於一個具有「成長型思維」的人來說，「共鳴的本質就是講幹話」，因為要能產生共鳴，前提是那是你「已知的內容」，而所謂的「幹話」，就是聽完之後，對人生不見得有幫助的內容，依照這個定義來看，假設我們只願意學習「已知的內容」，讓自己產生「共鳴」，就等於是在學習講「幹話」，那麼學了再多也不會有半點成長的。

　　有些人之所以讀書，並不是為了求得多元的觀點跟新知而讀，他們僅僅是為了找到足以成為他認知世界裡正確性的一種保障，這些人稱為「功能性文盲」，對我來說，這些人並不是在讀書，這恰恰只是在進行「大腦自慰」而已，依照這個邏輯來看，我們學習的目的不就是為了「毀三觀」，進而優化重建我們的三觀嗎？願我們都能成為一個「真正」熱愛學習的人。

想寫書已經想了三年，但三年之後才寫出第一本書，無非為了一個目的：「累積足夠的失敗經驗。」如果說人世間可能面臨的失敗有一百種，那麼每當我們失敗的次數越多，避免失敗的能力就越強，所以這本書撰寫的內容絕對不是什麼「成功學」，更不會餵你雞湯，而是滿滿的雞腿，就算肚子再撐，也希望你能面對現實努力吃下去，面對感情、工作、人際，我已經替你失敗過一遍，所以期望你看完書，能在未來減少失敗的機會，讓這本書陪你走過人生的重要關口。

03 Chapter

生活穩定後的煩惱

目錄

15

04 / # 覺得自己不夠好的煩惱

目錄

01

少年維特的
煩惱

如何選擇一個伴侶？

你配得上嗎？

關於選擇伴侶，我相信你應該也聽過一個類似的問題：「你想要坐在 Maserati 裡哭，還是坐在 TOYOTA 裡笑？」Maserati 象徵著很有錢，但不見得會善待另一半的人，而 TOYOTA 象徵著不見得那麼有錢，但可能是個幽默風趣的人。

如果你覺得這個問題很有趣，那麼容我吐槽一下，實際上這個問題難免有「偷換結論」之嫌，「偷換結論」

常見手法是提供你兩個選項，讓你誤以為你真的只有這兩個選項可以選。例如我小時候常常被家人威脅：「如果你不好好讀書，沒能考上律師的話，你將來就得去當軍人。」事實上，我後來書也的確沒讀多好，但高中畢業後的第一份工作不是軍人，當然也不可能是律師，而是吉他老師。所以我家人當初給我的那句警告，其實也是在「偷換概念」。

回歸到現實場景，你說開著 Maserati 的人真的都是渣男渣女嗎？又開著 TOYOTA 的人真的都能幽默風趣嗎？這可不一定。我們先回到這個章節要談論的最基本問題，叫做「如何選擇一個伴侶」。**在我眼裡的成功，無非就是比別人擁有更多的「生活抉擇權」**，簡單講，就是當你不爽的時候，你有沒有底氣在網上刷張機票，直接搭飛機出國玩個三天三夜，甚至只是在你心情不好的時候，獨自一人去住五星酒店還不打卡，這就是「生活抉擇權」。**但凡談到選擇，我們都必須先問自己一個問題：「憑什麼？」**

你或許對巴菲特的合夥人查理蒙格，講過的那句話不陌生：「想要得到一個東西，最簡單的方式就是讓自己配得上。」恕我直言，事實是，多數人如果能理性客觀來檢視自己的條件，你會意外發現，他可能連要求另一半出行一定要有一台 TOYOTA 的條件都配不上，更遑論還要求另一半得幽默風趣？在心理學上有一個共識，就是無論一個人是不是真的優秀，每個人其實都存在過度自戀的情況。如果你不信的話，你下次有機會可以做個測試，假設你們常常處在一起玩的好朋友有十個人，你問問其中一個人，如果以顏值來排名的話，他認為自己會排名在第幾位，如果你問的這個人不是一個會官腔的做作人，那麼大多數人都會認為自己的排名是落在前五名，也就是一般人都會認為自己的優秀程度是高於市場平均水平的，但事實卻不然，這就是一種過度自戀的體現。

所以在思考**「如何選擇一個伴侶」**之前，首先要先**認清自己有多少籌碼可以去選擇**，否則你當然可以任性妄為地要求你的另一半要開 Maserati，並且幽默風趣，最

好還要有大肌肌，但前提是你一輩子別醒過來，在夢裡你要什麼有什麼，一旦你醒來，就得接受殘酷的條件交易現實。雖然多數人都不認同把談戀愛當作一次交易，但你會發現，我們在擇偶的時候，其實會默認地將自身條件和對方的條件攤開在檯面上，進行相互比對，確定對方的條件不至於跟我方條件差異太大，才會選擇跟另一半在一起，否則如果你是女生，你怎麼不選擇去跟知名網紅吃屎哥在一起呢？認清了這一點，你會發現其實談戀愛跟交易的區別，無非就是不像在商場上，任何事情得明碼標價，算得那麼清罷了，但本質上仍然是一場交易行為。

我條件足夠了，到底要如何選擇伴侶？

假設你的條件真的特別好，但在你的過往戀愛經驗中，還是時時刻刻遇到渣男渣女，那麼我敢肯定一件事，就是在你過往大多數的感情裡，存在大部分的「一見鍾

#01

情」，甚至你跟另一半認識的時間都不足一年，對吧？

很多人花在「思考晚餐要吃什麼」的時間，比花在「思考要不要跟一個人在一起」的時間還來得多。只要遇見一個有天使臉孔、魔鬼身材的女孩，男生可能就立刻暈船；只要遇見一個男生長相不邋遢，有點自己的小事業，講話又有點幽默，女生就會被戀愛腦給迷惑。

但我之前聽過有一個人是這麼看待感情的，他的想法大概是這樣的：「你怎麼可以這麼輕易抉擇要跟誰在一起？想像一下，未來假設你的另一半出了意外，倒在手術台上，你做為他的伴侶，你必須承擔決定截肢與否的責任，如果你選擇要截肢，你或許有辦法保住另一半的性命，但他必須以殘疾的狀態度過往後餘生；如果你選擇不截肢，他可能馬上就會撒手人寰。你眼下做出的決定，看上去可能只是你的生活裡多了個誰，但實際上你決定的，可能是一個人的生命，面對這樣的事，你難道能不謹慎嗎？」這個觀點深深震驚了我，因為他的思考方法是直面

未來可能發生的現實情況，而不僅僅聚焦在當下的「爽」字而已。

　　說了這麼多，如果你意識到選擇伴侶是一件重要的事，那麼到底有什麼方法，可以讓你選到一個對的人？絕對沒有任何一個辦法，可以讓你百分之百選到一個能夠共度終身的伴侶，如果有人宣稱他有辦法的話，要麼這人得過諾貝爾獎，因為他具備了解決人類幾千年來都無法解決的問題的能力。要麼就是這人是個騙子。但不要灰心，我們沒法借助某個方法選對人，但**絕對有一個方法，可以降低你選錯伴侶的機率，就是借助「時間」的力量。**

　　我們理性來分析，什麼是渣男？就生物學上的敘述，無非是因為受到睪固酮刺激，進而產生性慾，並將因性慾而產生的激情，錯認為愛情，所以才會有所謂的「射後不理」，因為激情之所以叫做激情，就是受到刺激而短暫的發情，直白的講，就是因為睪固酮分泌的水平下降，所以才讓男生在進行性行為之後開始對女生無感。上面是以

#01

渣男作為舉例，渣女理同。

　　而當你明白了「激情」存在一個特點，叫做「能持續的時間短」，這不就能推導出一個行為策略了嗎？假設你現在老大不小了，最近剛跟一個人好上，如果你希望你們的未來，不僅僅止步於男歡女愛，而是有機會共度終身，你非常好奇，對方是不是和你有一樣的想法，還是只是想跟你玩玩？那麼你要做的事情很簡單，就是強迫自己多給他半年時間，讓他來追求你，相信我，如果對方是個渣男，只是因為一時睪固酮滿到橫隔膜，才選擇跟你搭上，那麼不用三個月，他就會「悄然棄而走」。

　　所以「時間」在這個維度上，就發揮了避免遇上渣男渣女的作用。

　　事實上，在《如何讓人喜歡我》（The Like Switch: An Ex-FBI Agent's Guide to Influencing, Attracting, and Winning People Over）一書中也提到一個概念，解釋了「時間」是

如何讓一段戀情可以在未來更加穩固，叫作「曲折戀情公式」，意思是人類有一個慣性，當我們越難得到一個東西，得到之後就會越珍惜。

我們都得承認，辛苦得來的糖，比伸手可得的來得更甜，這也是為什麼泡麵的發明人，要你用熱水泡三分鐘才能吃的原因，因為隨著等待的時間遞增，你對於泡麵的美味感知，會是呈線性增長的。又如同韓劇《愛的迫降》，如果孫藝珍飾演的女主角沒有意外迫降於北韓，並且還遇到像趙哲強這樣一個一直破壞他跟李正赫關係的敗類，他們或許也不會像結局那樣相愛。

這也是為什麼我在之前的影片〈為什麼台大 EMBA 學費 308 萬，很合理〉當中說過這段話的原因——「人類判斷一件事是否具有價值，來自其所需支付的成本。」而這裡指成本，可以是行為成本，也可以是時間成本。

當然，為了防止你過度依賴「時間」這項工具，不僅

#01

為什麼台大 EMBA 學費 308 萬，很合理

逼走了渣男渣女，還把自己的真愛給逼走，這邊跟你分享一個我之前聽到的有趣故事。

有一個男生跟一個女生告白，女生拒絕了，並這麼說道：「你先追我，我再考慮要不要答應你。」於是男生追了幾天之後，回過頭跟女生說：「我不追了。」女生好奇問：「你為什麼不追了，你不是喜歡我嗎？」於是男生跟女生說：「要我追可以，但妳好歹也給個進度條。」進度條就是我們在電腦上更新軟體的時候，會跳出來的一條橫槓，上面會顯示目前安裝進度到了多少百分比。

這個看似趣味的故事，確實也多次活生生、血淋淋地發生在我的身上。例如曾經有一個我喜歡的女孩，她表示自己也喜歡我，但是希望利用半年時間來好好認識我，再決定是否跟我在一起。我們半年間相處得像是對情侶，就差手沒牽、吻沒接，沒行苟且之事。但半年之後，女生仍遲遲不表態，後來我也無心再等待下去，於是連朋友也當不成。

在好多好多年之後，有一次遇到她的好閨蜜，才知道原來在我沒跟她聯繫的那一個月裡，她先後就跟了兩個機師在一起，我心想這是什麼操作，但也只能認了，因為當時我還是個窮學生，沒機師那麼有錢。但慶幸的是我現在比機師有錢，還比機師的時間更有彈性，我相信如果那個女孩正在讀這段文字，應該多少會覺得很可惜才對。開玩笑的！人家現在已經結婚了，看上去過得也挺幸福，祝福她吧。

我要說的是，如果你把時間尺度拉得太長，那麼對於另一半來說，跟你在一起的「邊際成本」就肯定會越來越高，畢竟每個人在做事的時候都會設定停損點，我們看慣了電影裡的浪漫情節，卻忘了在現實生活裡，遺憾才是常態，事實上，沒有任何人會願意等你一輩子的。

「當你喜歡我的時候，我不喜歡你。當你愛上我的時候，我喜歡上你。當你離開我的時候，我卻愛上你。是你走的太快，還是我跟不上你的腳步？」　　——作家幾米

#01

你真的需要伴侶嗎？

　　話又說回來，假設以你的條件，真的足以讓你坐在瑪莎拉蒂裡，並且你遇見的那個人，還真有辦法幽默到讓你每天都能開懷大笑，你就真的要選他嗎？我們的標題是「如何選擇一個伴侶」，但這樣的提問，其實是默認了你此生必須去找一個伴侶，所以在回答某些問題之前，我們都應該啟動「元認知」去確認一件事，那就是——我們真的需要回答這個問題嗎？所以在這裡，我們要思考的另一個問題是，「我們真的需要伴侶嗎？」

　　跟你分享個在南韓社會的有趣現象。南韓有一個特別的族群叫做 YOLO，是「You only live once」的簡稱，他們認為生命只有一次，所以應該及時行樂。

　　YOLO 族不像傳統社會強調群體生活，他們享受和自己獨處，甚至會舉辦單身婚禮，也就是要麼只有新娘，要麼只有新郎的婚禮，並且在婚禮上高聲宣示：「終身只愛

自己一個人。」

日本媒體〈日經亞洲評論〉也報導過，LG 旗下公司曾經頒布所謂的「不婚津貼」，簡單講就是你如果不結婚，那麼公司就給你錢。

實際上，美國歷史學家 Stephanie Coontz 在她的著作《Marriage, a History: How Love Conquered Marriage》中也有談論到，現代人理解的「婚姻」，其實是在近幾年才開始突變成現在這副德性的，古時候的婚姻，其實是貴族們為了鞏固財富所設計出的一種制度。例如早期的以色列，家裡的長兄如果死去，他的弟弟是有義務要娶他的嫂子的，這樣才能避免肥水漏外人田。

又或者在物質匱乏的年代裡，因為生存條件困難，而婚姻的集體制度設計，能讓人們更有默契的協作，讓我們的祖先能順利的生存及繁衍後代。古時候物質匱乏，人們為了更好的生存而選擇結婚，而當社會再往前進步一

#01

點，結婚還得講求個門當戶對，追求這種形而下的「器」，當社會發展再更前面一點的時候，想當然就會開始追求形而上的「道」，也就是「價值觀」的匹配。

你有沒有發現一個結論？早期的婚姻制度設計，其實更多是為了「求存」，確實，**歷史學家也發現，經濟發展狀況越好的社會，單身及不婚的比例就越高，人們對愛情也會表現出更加謹慎的態度，也就是說，在現代社會裡，婚姻其實相對沒有那麼必要了。**

分享這些故事，並不是在宣揚不婚主義，而是試圖讓你重新思考，你真的需要婚姻嗎？還是婚姻只是你人生當中的「默認設定」呢？婚姻對你而言的價值在哪，你必須得想清楚。但**不論結婚或不婚，都應該是你個人的選擇，而不是你爸媽的選擇。**站在歷史的洪流來看，你就算現在已經年過三十、四十甚至五十，不婚或單身，也是合情合理的事。

英國著名的戀愛專家 Hayler Quinn 在 TED 說道：「不要為了結束單身，而匆忙去愛。」更不要為了世俗的眼光，而病態地追求「非單身」。

我該不該
休學、辭職、離婚？

　　我相信在就讀大學的時候，應該有非常多人認為自己選錯科系吧？以我自己為例，我大學讀的是口語傳播學系，大家看這名字感覺好像挺有趣，可以學到辯論、演講、溝通等技巧，實際上系上的文宣也都是這麼宣傳的。但在大四即將畢業前，口語表達能力達平均水準以上的人，很可能還不到百分之十，換言之，進去前跟進去後，口語表達能力水平基本一致。

　　主要是系上開設的課程，關於實務操作跟演練的佔比其實不大，所以教學方向就變成了如何更好地成為一個傳播學者，而不是成為能言善道的人，畢竟說話這件

事，還真不是單靠理解理論、紙上談兵就能學會的，就像有一句話是這麼說的：「很多人懂了很多道理，卻仍舊過不好自己的一生。」當然，系上也意識到了時代變遷的問題，後來也積極對課程內容做了調整，現在這個系也改名為「口語傳播暨社群媒體學系」，據說納入學生的反饋，新增了不少實作課程，也定期舉辦一堆職能培育型演講，學生的反應都很不錯，不過這是題外話。

我要說的是，即便我在大二的時候就已經意識到，前面兩年學習的內容，跟我預想的方向大相逕庭，但我仍然抱持著一種「都已經撐過一年了，說不定明年就會有實作課程」的態度在求學，結果沒想到就這樣一直從大一到大二、大二到大三、大三再到大四，最後都快畢業了，訓練嘴巴的課也沒上到幾堂。

站在現在的節點望回看，我犧牲了四年本可以揮霍玩樂的青春在學校裡，最後卻沒學到，也沒玩到，然而，**最可怕的，始終不是我們曾經失敗過，而是沒法從失敗**

中記取教訓。所以你可以看到很多人在學生時期，抱怨學校老師開一堆廢課；進入職場，抱怨同事難相處、老闆機車；步入婚姻，抱怨另一半不負責。終其一生鬱鬱寡歡，無非就是我們開頭講的那一件事，這些人並沒有意識到思考「我該不該停止現在手邊正在持續進行的任何事」的重要性，先遑論他「思考的質量」如何，最悲哀的是，很多人連思考這件事的行為，都不曾發生過。

　　愚蠢的人知其然，聰明的人知其所以然，所以現在來分析一下，究竟為什麼我們總是明知道要擺脫某件事，但不論在學校、工作還是婚姻，卻又不願意付諸行動去擺脫呢？主要原因有三個：

一、狀態依賴偏差

　　在心理學上有一個詞叫做「狀態依賴偏差」，我舉一

個銷售案例給你聽，你就會明白這是什麼意思。

　　你想一想，假設現在我限制你任何訊息都只能用手寫，不能用打字的，你什麼感覺？至少對我來說肯定很痛苦，因為這意味著我跟員工或是客戶，遠端溝通的時間成本會翻倍。鍵盤的前身是打字機，但你能想像打字機這項產品，起初在銷售的時候遇到了一個難題，就是如何讓消費者理解，這產品真的能讓訊息記錄變得比用筆來寫，來得更「快速」跟「方便」嗎？

　　如果站在現代人的視角，你可能會產生一個理所當然的疑惑：「以前的人難道有這麼低能嗎？」因為在你的眼裡，用打字機處理訊息肯定比用手寫來得快，這是明擺著的事實，但是，這是因為「用電腦打字」的行為在現在已經普及了。任何新產品在推出的時候都會遭受質疑，為什麼銷售員跟消費者說用打字機更「快速」、「方便」的時候，消費者可能不見得能接受呢？因為消費者會想：「我用手寫一定比用打字機更快速，因為不用浪費其他時

#02

間去學打字機怎麼使用」、「我用手寫一定更方便，因為我隨便抄起一支筆，就可以開始寫，筆又不像打字機那樣笨重，必須放在定點使用」。而會產生這種看似愚蠢的想法，其中一個原因，就是人類固有的「狀態依賴偏差」，也就是「只要能不變，就不變」、「只要能擺爛，就不動作」的傾向。

　　人類之所以會有這種心理偏差，主要來自大腦並不喜歡變化，因為變化意味著得面對不確定性，所以大腦就必須得調動更多注意力資源去適應，擺爛不用成本，但行動必須付出代價，**只要不改變的行為，不足以對你造成毀滅性的傷害，人類就會傾向得過且過，用「反正也沒差多少」來搪塞自己的懶惰**。這也是為什麼很多人嘗試使用過 Apple 電腦，最後仍然繼續使用 Windows 的原因，這些人會告訴你因為 Apple 電腦「很難用」，但實際上如果越過了「狀態依賴偏差」的心理門檻之後，Apple 電腦的易用跟方便性，就我個人的經驗來看，真的是完勝 Windows，Windows 系統實在太反人性了，而之所以

Windows 系統這麼反人性，那也是因為用戶的「狀態依賴偏差」。例如 Windows 系統更新到 Windows 8 的時候，增加了一個新功能叫「動態磚」，這個功能其實非常前衛，實際上現在很多網頁或軟體的 UI 設計，也都跟「動態磚」的核心概念相互匹配，以圖像代替傳統文字的方式來標示功能。但誰能想到在 Windows 8 推出這個功能之後，用戶反倒哀鴻遍野，要求改回原先的「傳統開始功能表」，原因豈不也是因為「狀態依賴偏差」？能不改就不改，不管方向是不是朝著變好前進。

二、認知失調

不知道大家有沒有看過一個迷因，有一個人在 Twitter 上發文：「我是一個男子漢，只要犯錯了就一定會道歉」，於是他的朋友在底下留言說：「我怎麼從來沒有看過你跟我道歉？」於是原 PO 回說：「因為我從來沒有犯錯過。」

#02

我相信你身邊也有這種人，可能你的老闆或合夥人就是這樣，他有很強的自尊心，很難接受別人給他的任何建議，即便這個建議，明擺著就是比他之前的低能決策來得更好，原因就是因為人類對「認知失調」會產生強烈的不適感。

所謂的「認知失調」，就是當一個人發現自己過去所堅信的價值觀，跟現實情況發生矛盾，簡單說，就是他所信奉的價值和理念跟現在的所見和所聞，相互衝突，會致使他產生心理不適的一種現象。在這種情況下，很多人就會試圖欺騙自己，以避免自己心態崩壞，並確保自己能正常行事。

不知道你有沒有碰過一種人，總是讓你感到有理說不清，例如你嘗試替他梳理了他的邏輯錯誤，而他貌似也知道自己剛才在會議上提出的意見很蠢，但他就是沒辦法心服口服地接受別人更好的建議，這原因也是出在認知失調。因為這種人會認為，當他接受別人的想法、放棄

自己的建議，也就等同於必須承認自己之前提出的內容是愚蠢的。而為了要維護自己的形象，他能採取的唯一策略就是抵死不從，卻沒想到這種行為反倒會更加凸顯自己的愚蠢。

面對學業、職場甚至感情，我們豈不也常常為了避免自己認知失調，而做出明明不是最正確的決定呢？

三、對沉沒成本的惋惜

沉沒成本是經濟學上的一個名詞，意思是「過去支付的不可逆的成本」，簡單說，就是你過去支付的成本，而且這個成本是不可收回的，就叫「沉沒成本」。所以就理性來看，我們在未來進行決策的時候，就不應該將沉沒成本考慮進來，因為這個成本是不可收回的。如果你不明白我在說什麼，那麼有一個挺經典的案例，可以幫助你更

#02

好地理解什麼是沉沒成本。問你個問題，假設你進電影院看電影，電影片長兩小時，你看了一個小時之後，發現這部電影難看到爆，你會繼續看完，還是起身走人？如果你明白了沉沒成本的概念，你就應該立刻起身離開電影院，如果你選擇把接下來的電影也看完的話，那麼你除了會賠上過往支付的「電影票錢」和「一個小時」的沉沒成本以外，你還會賠上接下來的一個小時。

之前曾經問了我一個好朋友，是什麼讓她願意跟男朋友在一起八年？我朋友回答兩個字：「習慣」。你可以想一想，當你選擇跟另一半保持情侶甚至婚姻關係，並不是因為你們之間還有愛，而僅僅是因為「習慣」，那會是一件多悲哀的事？而所謂習慣，就是受到「沉沒成本」的影響。然而也確實，後來她的男朋友跟她提了分手，並在分手沒多久之後，立刻交了一個新女友。

很多人明明發現另一半是個渣男渣女，但面對對方的苦苦哀求，仍然選擇原諒，豈不也是因為受到「沉沒成

本」的影響嗎？覺得如果就這樣把多年的感情放掉了，看上去有點「可惜」，那麼一樣的，如果選擇跟另一半繼續在一起的原因，並不是因為你認為對方能痛改前非，而僅僅是因為覺得現在放棄了很可惜，就像很多人明知道自己正在從事的這份工作、正在就讀的科系，並不是自己所熱愛的，但看在已經從事了這麼多年，突然要轉換跑道，感覺很可惜，所以迫使自己放棄去做正確的決定，你說這樣的人生能開心嗎？

理解了「狀態依賴偏差」、「認知失調」、「沉沒成本」這三個概念之後，回過頭來看休學、辭職和離婚這三件事，甚至是人生當中的其他重要決策，你會發現，很多人把自己的人生理所當然地過成了荒腔走板，還樂此不疲，無非就是因為這三個該死的東西在作祟。但很慶幸的是，你現在能夠認清這三個壞蛋的長相了，未來你在做決策的時候，請不要讓它們影響你。

#02

如何選擇工作？

大部分的人都是怎麼選工作的？

雖然我一畢業就開始自己接案，更精準的說，我還是個大學生的時候，就已經開始接案了，關於為什麼在畢業之後不選擇進入大企業工作，我會放在後面的「我該不該創業」章節，這邊主要想跟你聊聊，我一直以來的工作態度。

在替別人打工的這段時間裡，我最引以為傲的一件事，莫過於我曾經多次跟主管「頂嘴」，這邊說的頂嘴，

並不是不論長幼尊卑地無理反駁，而是在面對溫順奉承和殘忍坦白這兩種選擇時，我會選擇後者。

我在高中的時候，打了人生第一份工，地點在新北市中和環球購物中心前面的一家港式飲茶餐廳，那家店現在已經倒了。某一天我上晚班，下班時間是十點，當時間來到九點四十幾的時候，主管跟員工們已經在休息區聊天，並且盡興地吃著廚房剩下來的餐點，當下餐廳裡雖然只剩下一、兩個客人，不過就算客人走了，也還不能下班，你得把明天要用的餐具備好、該補的貨補一補、打掃完衛生才能下班。因為客人少，不怎麼需要服務，所以我當時就在做下班前該做的工作。

而當主管發現所有員工都在休息，只有我在工作的時候，他喊了我過去：「武敬，你怎麼不一起來吃呢？」你猜，血氣方剛的我怎麼回覆？

「不要，現在又還沒下班。」

主管聽到的時候有點憤怒，於是走過來質問我說這話是什麼意思，於是我這麼回答：「什麼時間該做什麼事，現在還不是下班時間，也還有客人在現場，我們不應該這麼不敬業。」說完之後，想當然的，主管肯定沒有被我說服，即便我說的貌似有理，但小蝦米面對大鯨魚，在這種權力不對等的情況下，有時候所謂的「正確」，不是用「邏輯」跟「道理」就可以說了算的。

　　當晚我們不歡而散，但初生之犢不畏虎，我回家之後，對今天所發生的事進行了一番論證，洋洋灑灑地打了近千字長文發到 Line 群組。沒多久，公司的總經理也在群組內讚揚我的工作態度。而這位曾經被我回懟的主管，不但沒有在日後與我交惡，甚至在日後公司開設分店時，還私下詢問我有沒有意願擔任分店店長，他表示想跟公司推薦我。

　　在大學的時候，曾經在台灣微軟實習，我也做過類似的事，當所有人都抱怨著主管在請假制度上的設計不合

理，並且選擇隱忍的時候，我選擇上書給實習計畫的負責人，最後建議也獲得採納，並在接下來為期一年的實習中，被主管深切照顧，甚至成為少數被邀請回實習計畫演講的學長。

你說我這麼「衝」，難道不擔心未來被主管整，或是沒法在日後跟同事相處甚歡嗎？如果你用理性思考，你就知道不應該怕，原因很簡單，**我來工作的目的並不是為了追求「不被開除」，也不是追求「舒適的職場環境」，而是期望透過「做正確的事」，讓自己獲得成長。**

顯然大多數人在選擇工作的時候都搞錯了一件事，在年輕的時候，所謂的「找工作」，底層邏輯並不是想方設法找到「高薪的工作」或是「有著舒適環境的工作」，而是撒潑打滾也要義無反顧地找到「成長的機會」。在明白了沒有豐富的工作經驗，是不可能得到能讓自己滿意的高薪時，你要做的，完全不是像多數人去計較一個月領的究竟是三萬還是五萬元的薪水，因為就算是月薪五萬跟月薪

#03

十萬，本質上都是一樣的，生活在台灣這種高房價的環境裡，你一樣買不起車、買不起房。

聽到這裡，很多人或許會覺得我在唬爛，因為他們的思考邏輯會是：「我現在月薪五萬，一個月可以存兩萬塊，假設我月薪十萬，我一個月可以多存五萬，怎麼會沒差？」

在前言提過我曾經拍過一集影片叫〈為什麼小資族比有錢人更愛亂花錢？〉影片在全網的觀看次數應該有破千萬，建議大家可以看一看，在影片中的論述是基於英國經濟學家凱因斯曾經提過的「邊際消費傾向」。簡單說，就是當你賺得越多，你的花費也會越大。如果你不明白這是什麼意思，容我舉個例。當你月薪三萬的時候，不論外面下多大雨，甚至溫度飆破三十三度，你很可能都會願意走路十分鐘去買午餐，因為那是受限於薪資條件下的剛性約束，所以你別無選擇。但是當你月薪來到十萬的時候，你真還願意「櫛風沐雨」，只為了去買個午餐嗎？

那肯定不總是會，因為你可能會想，我只要花個四十九元叫個富胖達，就能不必日曬雨淋，又不是花不起這錢，對吧？

明白了這些道理之後，你就會清楚，**你要計較的是在未來，這個工作有沒有辦法能讓你一個月領三十或五十萬的薪水，而不是計較現在能領三萬還五萬**。當你認清了一個人的「工作經驗」，在大多數情況下和一個人的「薪資收入」是成正比關係的，那麼你在選擇工作上的唯一標準，就應該聚焦在你從事的每一件事，有沒有辦法讓你「獲得成長」。

事實上，不管你現在處在什麼場域，只要有人看見你正在做正確的事，他們採取的行動大多不會是鼓勵你，反倒是聯合起來對付你，只因為你不跟他們一起擺爛，那麼你面對這些低能的最優策略，就是果斷離開不幹，因為，**當成長成為「現在進行式」，那麼你的成功，在未來就成了理所當然**。也因此，對我來說，在職場上沒有什麼

#03

為什麼小資族比有錢人更愛亂花錢？

是比「做正確的事」來得更重要的。

即便明白了這個道理，面對一個月薪三萬、工作繁雜離家又遠，但升遷機會大，以及月薪五萬、工作簡單離家又近，但不保證有升遷機會的職缺，我相信多數人還是更傾向選擇後者的，原因還是受到人類的心理偏差所影響，這邊指的是「當前偏差」。

有學者曾經做過一個實驗，他讓受試者們坐在實驗室裡，不能喝任何東西，等到他們口渴之後，給了他們兩個選擇：

A、現在喝一杯水。

B、五分鐘之後喝一罐水。

你猜這些受試者選擇什麼呢？大部分的受試者都選擇了 A。

這位學者過沒多久，如法炮製，再讓一批新的受試者口渴，然後又給他們兩個選擇，但這次的選擇做了些變

化：

A、五分鐘後喝一杯水

B、十分鐘後喝一罐水

沒想到大部分的受試者卻選擇了 B。

只要能立即享受的情況下，大多數人就會放棄延遲滿足，即便延遲滿足之後能得到的回報是顯而易見的。但是，假設你沒辦法立即享受，人們的選擇就會趨於理性，突然好像又明白了成本收益的算計，明白延遲滿足能夠給自己帶來的好處。而會有這樣選擇上的差異，正是因為「當前偏差」，用一句話來解釋，就是人類總是誤以為現在的折現率大於未來，所以才會出現大量「不計成本」的即時行樂行為。

還是那句話，**選擇工作要追求的是持續成長，而不是追求一時的爽。**

#03

只要有成長，就一定好嗎？

　　有一句很有名的雞湯是這麼說的：「要相信明天的自己，都會比昨天的自己更好。」我就曾經觀察過幾個轉發這則內容到自己動態的朋友，幾個月之後人生過得怎樣？結果發現立志減肥的，還是停留在「只立志、不減肥」的階段；立志要變好的朋友，還是天天熬夜唱KTV、喝酒喝到不省人事。

　　任何口號如果不落在具體行動上，都只是打嘴炮而已，況且，今天比昨天更好，明天比今天更好，這基本上是必然結果，你今天做錯一件事、遇到一個壞人，你下次遇到相同狀況的時候，按理說，本就應該更知道如何應對。更具體來說，假設你的老闆跟你說：「為了要鼓勵你這麼為公司盡心盡力，從今天起，會讓你今天的薪水比昨天更高，明天的薪水比今天更高。」於是老闆決定從今天開始每天幫你加薪一塊錢，假設你活一百年，在你死之前也頂多加薪三萬六千五百元，你說這真的好嗎？那答案

肯定是不。因為所謂的成長或增長，分為「線性增長」跟「指數增長」，你如果真相信雞湯的說法，落入到「線性增長」中還沾沾自喜、神采奕奕，那老大之後就只能徒傷悲了。

什麼是線性增長？如果以薪資來說，就是可預期的固定比例薪資增長。哪怕一年加薪五千，我們就算一筆帳，如果薪水基數是四萬，工作十年，月薪也就九萬。

而什麼是指數增長？相對來說，就是不可預期的不固定比例薪資增長，你應該聽過「西洋棋跟麥粒」的故事吧？有一個國王為了獎勵西洋棋的發明者，我們姑且稱這個人叫「小棋」，於是國王跟小棋說：「你希望我怎麼獎賞你？」小棋想了一想跟國王說：「不然這樣吧，你幫我在棋盤的第一格放一粒麥子，棋盤的第二格放兩粒麥子，棋盤的第三格放四粒麥子，依此類推，每一個棋盤都放上二的倍數的麥子，放完整個棋盤，就作為賞賜我的麥子。」

#03

國王一聽，想說這什麼鬼要求，這才幾粒麥子，還不簡單？結果直到搬光了國庫糧倉，才發現竟然還不夠給，因為光棋盤上的最後一格，2 的 64 次方，那數字就是 18,446,744,073,709,551,616。如果要我唸出來，我還真不知道怎麼唸，因為這數量實在是太大了！現在你知道指數增長是什麼了吧？接著，你可能會產生一個問題，什麼工作能夠讓自己的薪資收入有機會呈指數增長呢？

　　經濟學家薛兆豐說，所有工作的薪資收入，依照回報週期，基本可以切分為三種：
　　一、年輕的時候賺得多，年老的時候賺得少
　　二、年輕的時候賺得一般，年老的時候賺得一般
　　三、年輕的時候賺得少，年老的時候賺得多
　　關於第一種薪資收入——「年輕的時候賺得多，年老的時候賺得少」，例如借助優良基因吃青春飯的網美、直播主。我身邊就有不少厭倦了傳統體制替人打工的朋友，某天起開始在社群平台上大方展示自己的容貌，並且在兩三週之內，讓粉絲從原本的一千不到，搖身一變成了二

十萬追蹤的網紅，接著開始接業配、開直播賺抖內，讓自己的月收平步青雲地上看十五萬。這些職業的收入雖高，但是這錢能賺多少年呢？況且，這些粉絲本身是不具備忠誠度的，也就是當網紅本人韶光逝去、人老珠黃以後，他們就會去追逐另一批更年輕貌美的網紅了，這也意味著，在年老的時候就基本賺不到錢了。

而靠外表賺錢其實還有一個隱患，有一句話是這麼說的：「當你習慣做著困難的事，生活就會變得簡單；當你習慣做著簡單的事，生活就會變得困難。」所以如果習慣用先天優勢從事著相對簡單的工作，就能賺取超額收益，那麼在年長的時候想要轉型創業，就會下意識地排斥做困難的事。這裡絕對不是要貶低網美網帥，說他們從事的工作沒難度，而是「相對」低難度，一如我常常在講課的時候跟學生說，我覺得窗外那些正在曬著太陽、蓋著房子的工人，理應領比我多的錢，是一樣的道理，因為他們的工作「相對」勞累嘛！

#03

而第二種薪資收入——「年輕的時候賺得一般，年老的時候賺得一般」，例如公務員，大家都說是「鐵飯碗」，你只要不出太多包，穩定升遷是必然結果。但每一次的升遷，你能換來的薪水增長也不會多到哪去。老一輩的人總是希望自己的孩子不求大富大貴，只求雲淡風輕，那是基於科技發展沒那麼進步的時候，玩樂享受的「閾值」太小所導致的觀念。例如以前沒有手遊、沒有密室逃脫、沒有那麼多種類的跑車，沒有那麼多好吃的美食，沒有大量且豐富的「奶頭樂（Tittytainment，意指 20% 的精英填塞給 80% 的大眾的海量娛樂與遊戲，使其獲得滿足而失去思考力）」，房子也沒那麼貴，所以賺錢的誘因就自然小很多。

　　最後一種薪資收入——「年輕的時候賺得少，年老的時候賺得多」。例如創業者或是自媒體經營者。當初張勇（前阿里巴巴集團執行長）辭掉高薪穩定的工作，加入還不成氣候，甚至可能面臨倒閉的阿里巴巴，只圖一件事——產業未來，我現在之所以很忙，還是會推掉部分案

子，硬擠出時間來經營自媒體，某部分原因也是希望自己能夠走入第三種模式。

最後一句話總結，要如何選擇工作？**失敗的人活在當下，成功的人活在未來。**

進入社會後的煩惱

為什麼階級複製，
幾乎是一個必然的
結果？

窮人之所以窮，就是因為他窮

我小時候生長在一個不是很富裕的家庭，如果講得更精確一些，那便是我們家族裡頭的全部人，幾乎都活在社會平均線以下。而如果你認識的人夠多，你會驚訝地發現，大多數情況都是要麼一整個家族富，要麼一整個家族窮，那種同一家族裡的 A 家庭超有錢、B 家庭超貧困的

狀況，幾乎非常少見，這是為什麼呢？你用邏輯想一下，就會明白。

我們都必須先承認一件事，大部分的窮人之所以窮，是因為他此生做出了比別人「相對多的」錯誤決定，所以導致他窮。例如他在國小、國中、高中的時候「選錯朋友」，於是開始抽煙喝酒甚至吸毒；在中學畢業之後「選錯科系」，所以對學習毫無熱情跟興趣，整天混吃等死；而在離開學生身份以後又「選錯工作」，所以選擇了一個年輕時薪資不多、老年時薪資也不多，重點是還不穩定的工作；接著「選錯伴侶」，年輕時連點積蓄都還沒有，就在沒有做好安全措施的情況下，跟另一半發生性關係，導致對方懷孕，不得不結婚，成了個年輕爸媽。接著，連床都還沒躺熱，沒過幾年就對外宣布離婚，原因是因為「曾經太過年輕」，而沒有看明白什麼是真正的愛情。

好不容易孩子長大了那麼一點，但因為不滿老闆沒給自己加薪，所以連「自己憑什麼能創業成功」這個問題

都沒想過的情況下，連自己在當別人員工時都沒有半點成功的經驗跟案例的情況下，貿然選擇「創業」，只因為看人家當老闆好像很賺錢，又不用看人臉色。

我知道這講起來很殘酷，但這幾乎是大部分窮人一生的軌跡，如同前陣子在網路上非常火紅的影片〈山道猴子的一生〉。

可怕的事情來了，你想一想，假設這個在自己一生當中，連續做出無數次錯誤決定的人，成為了你的父母，接下來會發生什麼事？基本上你長大成人以後，你的失敗率，幾乎是妥妥的比成功率來得更高的，不是嗎？

要知道，**我們在進入國小以前，家庭教育扮演重要角色，因為他是形塑每個人價值觀的重要歷程。**簡單說，不論你爸媽是成功還失敗，你都必須被這個人給教育，而要一個此生沒做過太多正確決定的人，教育你成為一個未來對社會有用的人，你說這談何容易？

孟子曾經說過一句話：「人之患，在好為人師。」大家都知道我是做行銷的，曾經替不少喊得出名字的企業做過行銷顧問，但每次在和朋友聊到我的工作內容時，他們總會不經意地談起他們認為某個產業可以怎麼做行銷，表現出像是在教我的樣子，關鍵是他們也不是行銷從業人員，更沒有半點成功經驗。

　　你如果曾經點開過 Youtube 音樂影片底下的留言，你也會發現留言處有非常多人在教林俊傑、周杰倫、Ariana Grande、Ed sheeran 怎麼唱歌，例如「這一段假音不夠好」、「氣息不夠順」、「共鳴不好聽」，而這些人可能終其一生也沒接受過一次正統的音樂訓練。又好比每當新政策推出時，很多人就會開始發文指導政府應該怎麼做，貌似自己學過政治學一樣，殊不知只是看了幾年新聞，就誤以為自己是政治學者。

　　我要說的是，即便是沒有成功經驗，更甚者是連續做出無數次錯誤決定的人，也會有「好為人師」的傾向，

#04

這就是為什麼，階級固化幾乎是一個必然結果。所以依照上面的邏輯，可以得出一個基本結論──「窮人之所以窮，就是因為他窮。」我知道這話聽起來非常刺耳，但我很懊悔自己在長大之後才明白這個道理。

在李笑來《通往財富自由之路》書中提到：「價值觀決定一個人的選擇，而選擇決定了一個人的結果。」

顯然，很多人的窮，並不是他自身的錯誤，而是他身邊周遭存在大量不見得有成就卻自以為是成功人士的人，並從他幼年乃至成人，「持之以恆」地灌輸給他不見得正確的建議，導致孩子在未來做出錯誤的選擇，進而影響自己的結果。悲哀的是，那些曾經教育他的大人，卻仍舊會堅信自己的想法是絕對正確的，這就是我們可以預料的一個出生在窮人家庭裡的小孩的人生軌跡，因為我也曾經走在這個軌道上。

如果你跟我一樣喜歡在 Youtube 看專門講解國外刑事

案件的影片，例如「Eric 長安萬年」或「謎案追蹤」等頻道，你不難發現那些罪大惡極、最終在法庭上被判終身監禁甚至死刑的犯人都來自破碎的家庭，深究他的家庭背景之後，你會驚訝地發現，他父母的過往，可能比站在法庭上的那個孩子都來得「精彩」。

富人家的孩子，先天就比窮人家的孩子有見識

　　歷史學家 Rutger Bregman 在 TED 的演講〈Poverty isn't a lack of character; it's a lack of cash〉當中有提到，這是因為「稀缺心態（Scarcity mentality）」，簡單說，當一個人基礎的生活都無法被保障了，眼前的飯都吃不飽，哪還有什麼閒時間去思考未來，又怎麼可能上「時報悅讀網」買上一本書，培養自己的見識呢？

　　接著，一個身在富裕家庭的孩子，他從小在日常生活

#04

中能夠識別的東西，先天就是比窮人多得多，就拿吃飯這件事舉例好了，我遙想我第一次被人請去牛排館吃飯的時候，我連刀子要用右手拿還是左手拿都壓根兒不知道，於是被人當笑話。但富二代從小就吃過無數間高級餐廳，而我們從小吃過的可能就只有滷肉飯、魷魚羹，你覺得我和他們在心中對於「好服務」的定義，會是一樣的嗎？我之前寫過一篇文章〈花 7 萬元買 iPhone13 的人都傻子？〉我當時強烈建議大家如果有能力，一定要去體驗一次最頂尖的產品，甚至住一次高級飯店，尤其如果你打算創業。**因為只有體驗過好東西，你才能知道什麼是真的好，而知道什麼是好、什麼是壞，你在創業的時候，也才能夠知道需要提供什麼服務，才能讓客人滿意。**

如果你曾經到過一些新店家用餐，並且吃了第一口，心中就閃過一個念頭，「這麼難吃的東西是給人吃的嗎？」那麼你就會知道我在說什麼，有些東西在有見識的人眼裡，那叫「注定失敗」，但反觀有些人卻覺得這玩意兒「有機會」，這就是關於有沒有「見識」的區別。

美國教育家 Betty Hart 曾經做過一個實驗，他調查了四十二個家庭兩年半的時間，並在 1992 年發表成果，他發現，窮人家的孩子在四歲的時候，所擁有的單字詞彙量，少於富人家小孩三千萬個。儘管有一派的專家學者認為，這樣的研究顯然已經過時了，並且他的調查基數也僅僅不過四十二個家庭，所以不能以偏概全，這一派學者認為窮人家孩子和富人家孩子的單詞量，沒有差距到三千萬個這種誇張的對比，「頂多」就四百萬個。這都什麼鬼？四百萬個單詞，於我而言也是天差地別啊！

　　其實用邏輯去推想也能夠理解，一個窮困家庭最常爭吵的話題就是「錢」，不諱言的，我家就是這樣，例如我從小家裡只有一台二手電腦，我跟我哥常常因為爭吵誰先用、誰後用、用多久的問題，三天兩頭就打大出手，甚至我哥曾經為此事拿椅子砸我，用剪刀指著我，導致我們雖然同住在一個屋簷下，但卻有整整五年時間，沒講超過十句話，這不是誇飾法，這是真的。在這種情況下，我的語言能力肯定僅限於無理爭吵，而非有效溝通，這也側面

#04

花 7 萬元買 iPhone13 的人都傻子？

應證了為什麼富人家孩子和窮人家孩子可用的單詞量，能達到四百萬甚至三千萬差距的原因。現在光想就覺得不可思議，要是我未來的兩個孩子，為了電腦搞得兄弟鬩牆，我一定一人買一台電腦，這問題不就解決了嗎？哪會看著他們短兵相接，以生命作為代價只為一台破電腦。

不過這邊還是要提醒一下，**不要以資源不足作為合理化自己失敗或不可能翻身的藉口**，人們往往會誤以為擁有更多資源＝獲得更好的成果，我相信你應該曾經聽過很多人的仇富言論，抱怨某個富二代開了間公司，上了間好學校，於是將別人的成功全歸因於那是因為「拎北好野」，我家沒錢，所以我沒機會成功，於是怨天尤人、成天抱怨，那就又犯了心理學上的「自我歸因偏差」了。

我在大學的時候學了攝影，因為早期是玩音樂的，所以認識不少音樂人，印象非常深刻，某次有個朋友介紹的歌手想找我做影像，但他表示自己預算不足，可能只能花兩千請我做一隻 MV。然而我看到他在 Instagram 上每天

穿新衣，還抽菸，我心裡就想，「有些人之所以會失敗，那真的是自找的。你大可以把治裝跟買菸的錢省下，讓你更好地做音樂，可是你偏不，那麼你失敗要怪誰？」

如何擺脫階級複製的魔咒？

說到這裡，你可能會好奇一件事，開頭我說到，我自己出生在一個不富裕的家庭，那麼我是如何讓自己打破「階級複製」的狀況？這也是我長大之後常常在思考的問題——究竟為什麼我沒有理所當然的失敗？我期望能找到答案，讓跟我一樣從小受苦的人，能夠脫離必然貧窮的人生軌跡，而依照剛才的推論，無疑就兩個方法：一、不聽話，二、投胎。

#04

一、不聽話

　　先來談第一個概念「不聽話」，精準地說應該是「聽正確的人講的話」。你必須清楚地知道一件事，**一個跟你足夠親近的人不會害你，但這並不代表他不會「害到你」**。正所謂「知之為知之，不知為不知，是知也」，而世界上最無知的人，並不是那些讀書少的人，而是自己讀書少，卻認為自己學識淵博的人。所以那些苦口婆心傳送給你「寶貴經驗」的親朋好友，他很可能打從心底並沒有想害你的意思，但因為他不曾意識到自己之所以沒能獲得成就，正是因為自己的某些觀念可能存在問題，這就導致他基於好意對你傳道、授業、解惑，卻成了「傳承失敗」的行為。

　　我從高中加入吉他社之後，就開始迷戀上音樂，當時我願意一天抱著吉他彈上四小時，甚至每天早上四、五點就到學校，只為了能在不吵到別人自習的情況下練吉他。下課也總會把自己關在掃具間，倚著手機的微光獨自練

習。我在十六年的歲月裡，難得找到一件自己這麼熱衷的事，很顯然的，如果我持之以恆地用這種態度來面對音樂，未來要在音樂領域有所成就，起碼稱得上是「指日可待」。但我印象非常深刻，有非常多次我認真地在書桌前練吉他的時候，我的家人會走到我的桌邊，用輕蔑的口吻說：「彈吉他有什麼用，將來能賺錢嗎？」如果我當時就真的信以為真，認為彈吉他賺不到錢，又或者帶著與他們相同的「即便你花百分之兩百的投入一件你熱愛的事，你也終將不會有所成就」的這種負面思維，那麼我在高中畢業後的第一份工作能是吉他老師嗎？當同學都領著時薪一百五十的時候，我當時的時薪是五百到八百，而能有這樣的小成果，正是因為我高中的時候極度「不聽話」，又或者說「只聽正確的人講的話」。

我敢保證，一個事業有成的家長在看到自己的孩子難得願意廢寢忘食投身於某個領域，不論這個領域有多麼小眾冷門，他們大多數都會全然支持，因為他們明白一個道理——**幾乎沒有一件事是在你做到行業頂尖的情況**

#04

下，**還賺不到錢的**。我在國中之後的生活幾乎完全跟家裡脫節，並且是一個極度不聽話的孩子，這也使得我聽到來自沒有成功經驗的人講話的機會，大幅地降低。我接下來講得這一席話聽來可能會有點忤逆，但我寫這本書的宗旨是傳遞正確的價值觀，所以請容我下一個有點大逆不道或毀三觀的結論：「富人家的孩子若聽話，那麼容易在未來成功；窮人家的小孩若聽話，反倒更容易在未來失敗。」

二、投胎

假設這個世界上真的有一個選擇叫投胎，那麼當我們遇到不滿意的人生處境時，我相信多數人有可能會選擇投胎，但人生往往事與願違，所以在這邊我並不會提供你一些怪力亂神的方法，讓你在來生可以投胎轉世，我要做的是替你釐清投胎的底層邏輯，並試圖尋找一個可行的替代方案。

首先，我們思考一個問題，投胎為何可以解決我們想解決的問題？無非是我們有機會可以出生在一個相對富有的家庭，對吧？例如我們在新聞上看到有些二代在生日的時候，老爸老媽送他一台藍寶堅尼，這時可以預料的，在底下一定會有人留言調侃「投對胎」之類的話。而「相對富有的家庭」，他的底層含義是「資源充足的環境」，那麼我們有沒有辦法透過某種方法主動選擇「資源充足的環境」呢？有的，最簡單的方式就是移居到大城市，或是基礎建設完善、經濟發展良好的國家發展。這就是為什麼網路上有人稱移民跟移居叫「二次投胎」。前面已經跟你提過，富人家的孩子有一個先天性的優勢叫「見識廣」，原因是二代們的「生活抉擇權」更多，例如他可以選擇國內旅遊、也可以選擇出國度假，他可以選擇吃路邊攤、也可以選擇上高級餐館，也因此自然而然更有見識。

當你理解了「生活抉擇權」是如何影響一個人的見識的，那麼你就會理解一個道理，相對於生活在農村的孩子來說，在城市生活的孩子見識也肯定更廣，因為他的「生

#04

我該不該創業？

什麼是創業？

在開始講這個話題之前，我還是想先來定義什麼是「創業」，現代人只要開個蝦皮賣場、用第三方平台套了模版、開了網站，就成天在自己的社群上說自己「正在創業」，甚至在自己的簡介上理所當然地打上了「某某品牌CEO」，實際上賺的錢都還養不活自己，看了難免讓人倒彈。所謂的「創業」，於我而言分為三種：

一、突破技術壁壘

二、研發新產品

三、開創新的商業模式

我從來不說自己正在創業的原因就一個，我只是用「別人開發的新網路產品」，並且採取「被驗證可行的商業模式」，來「開公司」盈利罷了。不過為了使用更接地氣的說法，接下來還是容我將「開公司」一詞，改為大家常用的「創業」來做說明。

為什麼要創業？

在從事任何事情前，都要算清楚一筆帳，那就是做這件事能帶給你的「收益」及「所需支付的成本」。創業能替你帶來的好處，就這兩件事：第一，以低價購買時間，高價出售；第二，賺取 100% 的利潤。

首先來談談第一個：「以低價購買時間，高價出售」。相信大家已經聽膩了來自股神巴菲特的一段話：「如果你沒辦法在睡覺的時候還能賺錢，你就必須一輩子工作。」世界上最公平的一件事，就是無論你這人再能幹，每個人一天都只有二十四小時，那麼商人要如何獲得更多的時間呢？那便是雇用員工。雇用員工的本質，就是透過購買他人的時間，將其能力資源進行更高效的配置，並賺取員工對於自身估值及商業行情之間的差價。例如，我公司是做行銷的，我透過一個月花費四萬台幣雇用一個影片製作者，讓他處理我公司的影像製作業務，只要他一個月能夠處理的案件產值高於四萬元，那麼我就成功達成「以低價購買時間，高價出售」的目的，這是商人賺錢的第一個手法。

　　再來是第二個：「賺取 100% 的利潤」。「替別人打工」跟「替自己打工（創業）」之間的差別，無非是前者能夠賺取的利潤相對較少，因為員工所賺取的薪水，很可能是老闆在某個案件中，能獲取的總利潤的百分之五不到，而

#05

當你成了老闆之後，你就從原本只能拿百分之五的利潤，變成實打實地拿到百分之一百的利潤。這也就意味著，老闆相對於員工來說，所能創造的「薪資收入天花板」是無窮高的，而員工始終是撿老闆掉的利潤屑，賺的錢永遠會在老闆之下。

當然，這麼說來好像做老闆就只有一個「爽」字？那麼就錯了，剛才是計較當老闆的「收益」，接下來我們得來談一談當老闆的「成本」。

創業有什麼難的？

網路上流傳一段故事，就是鴻海的員工曾經在一次員工大會上問郭台銘：「為什麼爆肝的是我，首富卻是你？」因為郭台銘近年來高度涉入政治，所以我還是提醒一下，本書關注的是自我成長，而不是政治立場，所以無

論你支持不支持郭台銘的政治立場，你還是得承認他在商業上的成就，所以請理性看待、認真吸取郭台銘當時所說的「員工跟老闆的三大區別」。

一、創業與就業

郭台銘說：「幾十年前我創立鴻海的時候，是賭上身家來創業；而你作為我的員工，只需要遞交一份不差的履歷就能來就業，並且你只要不爽，隨時可以走人。」

二、選擇與被選擇

郭台銘說：「我選擇用什麼角度切入市場，甚至Apple 公司跟我合作，這證明我眼光獨到；而你究竟會在哪個部門工作，看似是你自己投的履歷，其實也不過是被人資主管選擇分配罷了。」

#05

三、責任的輕與重

郭台銘說：「我無時無刻不在思考如何創造利潤，我的任何極為細小的決策都有可能影響無數個家庭的生計，和數十萬股民的投資回報；而你身為員工，只需要想著怎麼照顧好你的家庭就行。」

郭台銘這席話算是把「替別人打工」和「替自己打工」的區別，講了個乾淨俐落，不過內容中並沒有揭露「創業」具體所需承擔的風險和具備的條件是什麼，容我在這邊替各位梳理一下：

一、風險承擔的能力

很多人往往會認為，所謂的「風險承擔能力」，無非就是談錢唄？確實，在日本戰國時代有一位名將叫做本多忠勝，而在商業上有一個常規叫做「本多終勝」，這裡的「本」指的是資本，原因是當投入的資金體量夠龐大時，邊際效益通常有機會翻倍。舉個例子你就明白了，品牌

Trivago 的口號是「找飯店，Trivago」，Ubereat 的口號是：「今晚你想來點？」我見過不少人對這些廣告文案進行分析，但要讓這些字句深刻地印在你的腦海裡，難道靠文案就能成？這還是得看他的行銷作法才行，如果人家不是一年花幾千萬在數位廣告投放上，那麼就算文案寫得再好，能發揮成效嗎？

雖然如此，但我相信你也看過不少二代，表面上掛著某某品牌的負責人，但靠這個品牌能賺到的錢其實也沒幾個，所以具體來講，**「創業」所需要承擔的肯定是資金風險，但「創業成功」所需要承擔的風險除了資金以外，還有一個常常被大家忽略的條件——「時間」。**

如果你有玩音樂，那麼你一定有聽過董運昌老師，曾經有一名網友在「靠北樂手」上發文表示：「我實在不懂，董 X 昌是在紅什麼？不過是比較早出道而已，只會彈一些慢歌，二十多年來琴藝沒進步，木吉他彈指吉他界，新生代這麼多傑出樂手，隨便一個都可以打趴他，人紅不代表強。」

#05

這篇文當然是火遍吉他圈，畢竟台灣音樂圈也就那麼點大小，自然董運昌老師也看到了，並且在一次的直播上回應了這個質疑。董運昌老師表示，「二十年前沒人敢說要以吉他手維生，幹這行未來能不能賺錢都不知道，而我選擇花費大把時間投入練習，並且帶起了彈吉他風潮。」

這就是承擔時間風險的能力，以現在的醫療技術來看，每個人最多都只能有五個二十年，所以我們永遠不曉得自己投入的其中一個二十年，最後會不會啥也看不見。

二、在打工人當中，混到 PR99

在上個章節有提到：「很多人連『自己憑什麼能創業成功』這個問題，想都沒想過。」有不少網紅借助流量優勢，在網路上宣稱「只要加入我的團隊，你的月薪就可以上看六位數」，於是很多人就真的加入了，努力經營了一年之後，黯然退場，為什麼？

請記住：「任何一種不需要支付成本，就能獲取高回報的工作，基本上全都寫在刑法裡。」

　　大家都想賺錢，都想開公司、當老闆，但那些人憑什麼覺得自己學歷只有國中畢業，沒有什麼專業技能，也沒有比別人豐富的履歷，然後別人辛苦讀到台大畢業、履歷寫滿，月薪就只能領八萬，而你隨便加入一個不用怎麼面試的網紅團隊，月薪就能破十萬？這在邏輯上就根本說不通。所以我建議，你至少得在「替別人打工」的階段，獲得 PR99 的成就，你才不會成為拉低台灣總體創業成功率的一員。在你沒有成為 PR99 之前，你覺得自己創業會成功，那麼只有一個可能，就是你認為自己骨骼驚奇，是百年難得一見的商業奇才，你當然可以這麼認為，但身為老師，我不願看著你拿自己的人生作為賭注犯傻。

三、財務思維

　　郭台銘提到，身為老闆必須時時刻刻關注如何「創造

#05

利潤」，有時候利潤並不是透過優化產品或是調整售價這個方式就能創造的，甚至，如果你懂得財務，假設你的公司已經連年虧損好幾億，只要再有一年虧損，你就很有可能面臨退市的問題，這時候可以怎麼解決？如果你理解財務思維，你就可以用一種方式叫做「延長固定資產折舊年限」。

舉例，假設你的公司有一個固定資產要價十億，如果將其使用年限設定為十年，那麼就意味著一年的花費是一億，但如果你把這個設備的淘汰年限更改為二十年，就意味著公司一年可以省下五千萬的費用，透過這樣的財務操作，就能在轉瞬之間讓公司扭虧為盈，而這邊提到的，僅僅是企業常使用的其中一種財務操作而已。當然，這邊只是舉例，實際的計算方式可能更複雜一些。

那麼要如何訓練財務思維呢？擁有會計系背景當然是最好的，不過，並不是每個人在剛創業的時候，都會使用到這麼專業的會計操作，有時候只是個「習慣問題」。

舉例來說，你去餐廳吃飯，會不會習慣估算這家餐廳月營業額有多少？你去買一個東西，會不會習慣去思考這產品背後的成本結構？之所以財務思維非常重要，是因為跳到宏觀視角來看，商業無非就是場資本遊戲，就以「成本」這件事來說，我之前寫過一篇文章叫做〈阿我買蛋糕是要吃蛋糕，還是要吃包裝？〉講的是消費者跟老闆，是如何看待一個產品的「成本」的。很多消費者在購買一個產品的時候，會覺得很貴，但實際上，這個產品的毛利率可能極低，簡單說，老闆賣著一個「消費者覺得很貴的產品」，有時候可能真的賺不到錢，這是為什麼呢？

　　因為很多人認為的「成本」，單純指的是「銷貨成本」，但實際上，「成本」還包含生產成本、營業費用以及固定資產折舊，如果在日常生活中的交易過程僅僅看到「銷貨成本」的話，那麼在創業的時候，就會出現非常多的錯誤商業策略跟財務危機。

#05

阿我買蛋糕是要吃蛋糕，還是要吃包裝？

如何降低
創業的失敗率？

　　這邊得先坦承，我自己開公司的經驗不過三次，每一次也都只是輕資產創業，我也建議沒有家庭作為靠山、但還是想嘗試創業的讀者們可以選擇輕資產創業。當然，我得先坦承，我公司的營業額都只是千萬級別，跟那些上市上櫃的大佬真不能比，所以我沒辦法跟你說怎麼樣才能成功，但畢竟也在不少公司擔任過顧問角色，接觸過大大小小的老闆們，關於避免失敗的方法，我還是有很多心得可以跟你分享。

一、當個自以為是的人

Tesla 創辦人 Elon Musk 在 2014 年於南加州大學演講的時候提到：「關注訊號而非噪音。（Focus on signal over noise.）」**在你創業成功前，你會收到的噪音數量，大到你無法想像。**我最早接受到噪音的印象，是在我國中的時候，有一次老師帶我們去書展，因為當時我對音樂非常有興趣，所以找了一本吉他書來翻，並且跟我旁邊的朋友說：「我想要自學吉他。」你猜我的朋友怎麼回覆我？他講了一個非常高級的詞，所以我記到現在：「嗤之以鼻」。根據教育部國語辭典的解釋，叫做「從鼻子裡發出冷笑。」我連做一件這麼簡單的事情都有人恥笑了，況且是創業這種足以影響你人生的大事？也確實，在後來的創業經驗中，沒有一次是在一開始講給別人聽時就被人肯定的。

這原因其實也不難理解，因為當你成功了，也就意味著他們相對退步，所以他們會感到沒面子。而當意識到自己未來可能會因為你的成功，而讓自己相對看來沒面

子，他們自然會先為自己的失敗進行辯護，否則他唯一能做的，就是承認自己的失敗，但是承認失敗對他們來說太痛苦了，於是，他們會採取慣用的手法——「貶低他人」，把別人從通往成功的路上拽回，並把自己的失敗，歸咎於懷才不遇，甚至把別人的成功，歸因於僥倖，這樣才能使自己的懦弱不堪，不至於將自己擊倒，這在心理學上稱做「認知失調」。

如果你不理解我這段話說的是什麼意思，你可以想一想，在學生時期，假設你睡過頭，匆忙走在往學校的路上時，你看到你們班學霸也跟你一樣遲到，你老實說，這時候你是不是心裡會覺得安心一點？因為當自己是個廢物的時候，那是很讓人煩躁的一件事，但如果大家都是廢物，大部分的人就會覺得心裡踏實。

也因此，我在 2019 年回母校世新大學演講的時候，特別提到這一點：「**在成功之前，請當一個自以為是的人。**」有一句話是這麼說的：「成功之後你連放屁都有你

的道理。」換言之，在你成功之前，基本上是沒人會信你說的話的。

二、別管什麼計畫，知道目標在哪就行

　　對岸的創業圈很流行一句話：「小步快跑、快速迭代。」簡單說，就是在前期覺得什麼對，就做什麼，做錯了，修正就完事了。我見過一些理論派創業者，他傾向在前面做好各種各樣的計畫，但你要清楚，所謂的「計畫」在現代瞬息萬變的商業世界裡，可能會變得越來越無用。我跟合夥人創立的第一個品牌「自媒體時代」，在創業一開始，我們就已經聊過，這間公司我們估計只會存活三到五年，所以趕快把能賺的錢賺到，果斷退場，原因是什麼呢？

#06

第一個，如果你有在關注兩岸三地的商業現象，你不難發現一件事，「對岸現今的商業樣態，就是未來台灣的商業樣態」，如果要我更直白地說，那麼你會發現，很多在台灣成功的中小企業，商業模式都是模擬對岸的；而對岸在早期，是模擬美國的。所以我當時詢問了在上海從事教育工作的朋友：「如果你們想學某一項東西，會去哪裡學？」我的友人都告訴我會在網上學，而我的公司「自媒體時代」的主營業務是做線下教育訓練的，套用我剛才對台灣商業的理解，或你要說偏見也好，這意味著未來當台灣消費者的使用者行為改變了，開始習慣「線上學習」，那也就意味著我們公司的教育業務營收必然下滑。

　　事實也證明了我們的預測正確，因為沒幾年之後疫情爆發，所有使用者都被迫進行線上學習，而即便疫情結束之後，大部分教育機構的線下課程業務、營收也都直接腰斬，一去不復返。

　　於個人而言也是一樣，舉個例子，假設你從小就夢想

著長大要當平面設計師，於是你國中高中大學都學平面設計，結果你剛畢業那年，可根據文字生成圖像的人工智慧程式 Midjourney 問世了，那麼你情何以堪？所以請記住一句話：「完成比完美更重要。（Done is better than perfect.）」這段話來自 Facebook 創辦人 Mark Zuckerberg.

三、光有好產品沒屁用，有渠道更重要

　　過去曾經到中南部替農業從業者講授數位行銷的課程，我在課程中都會說這句話：「這世界上不缺好產品，缺的是會說故事的人。」這句話透露了「內容行銷」的重要性。**你會發現賣得好的產品，往往不是因為他的用料最好、CP 值最高，而是他行銷做得好**。所以這個「品牌符號」賦予產品更高的溢價，例如，過去有許多文章在討論一個 LV 包的成本究竟有多少，確實，這個產品的銷貨成本就那幾塊布、那幾個鉚釘，充其量就是幾百塊錢的

#06

事，但是要讓富人背起 LV，可以立刻感覺到自己與眾不同、尊貴不凡，那行銷成本可能得花上好幾個億才能達成。

所以如果你有好的產品，我只能說那「可能是」標配，之所以說「可能是」，是因為我們可以看到在台灣市場上賣得很好的爆款產品，有數不清都可以在淘寶上找到一模一樣的，人家只是從淘寶進貨壓上台灣 Logo，就將價格翻倍銷售，還賣到全台缺貨。你說這有什麼辦法？因為人家懂行銷啊！所以**在你搞不懂要怎麼獲取線下、線上流量之前，請不要輕易創業**。然後請記住一個公式：「流量 X 轉換率 X 客單價＝營業額」，並好好思考流量、轉換率、客單價應該如何優化，想明白了再考慮創業吧！

四、建立 SOP

「標準作業流程」（Standard Operation Procedure，簡稱 SOP），如果你不理解這是什麼，你可以想像工廠的流水線，你從入口放入什麼，出口就會得出什麼結果，並且這個結果的品質是「可預期的」。如果你喜歡做菜，那麼你會理解食譜對於一個沒煮飯經驗的人來說有多重要，而食譜上提供給你的「水要加多少」、「什麼時候加」，就是提供你一系列的 SOP，確保你產出的食物質量，是落在基本水平以上的。所以你必須把所有工作流程都寫得像是食譜一樣詳細，好處就是不論未來你的員工智商有多低，他都能夠照著「工作食譜」，把所有任務的品質做到及格分數。這邊特別推薦大家可以學習如何使用「飛書」或「Notion」這兩個軟體，上面有「模板」（template）功能，可以協助你公司更好地建立 SOP。

#06

五、注意客戶滿意度陷阱

問你一個問題，假設你想要開餐廳，你做了一道義大利麵，如果想要驗證這個產品好不好吃，你會怎麼做？我敢保證九成的人會端著義大利麵，請自己的親朋好友試吃。但問題來了，你覺得這樣的市場調查方式，結果會準確嗎？

哈佛大學商學院的教授 George Elton Mayo 提出過一個理論，叫做「霍桑理論（Hawthorne effect）」，簡單說，被觀察者如果知道自己正在被觀察著，就會改變自己行為的傾向。一樣的道理，假設你端著義大利麵，請你的家人、朋友、情人試吃，那些人知道自己正被觀察著，並且你作為和他們有著親密關係的重要他人，你覺得他就算覺得食物難吃，難道會當著你的面說「這盤義大利麵吃起來跟屎一樣」嗎？肯定不會的，一定死活都會誇說好吃，因為直言不諱會傷和氣，對他來說沒有好處呀！這就是客戶滿意度陷阱。

你覺得消費者可能對你的產品很滿意，於是你就這麼理直氣壯地創業了，這才發現是因為自己蠢到會相信親友的「官腔」，才讓自己走入必然失敗的道路。早餐店阿姨之所以叫我們一聲「帥哥」、「美女」，那並不代表我們真的長得好看，那只是因為她知道我們會觀察她，並在成本和收益之間，選擇說了個無傷大雅的謊罷了。

所以記得，一定要找到一個合適的「產品經理」，又或者在創業前舉辦一個小型的「產品發布會」，最好參與者都是陌生人，這樣接收的反饋，才不會都是基於親密關係而講的場面話。

六、客戶評價，等於未來的現金

如果你是販售技能維生的，或許很多人會告訴你：「不要賤價出售自己的專業。」如果你是販售產品維生的，

#06

遇到有人跟你殺價，你可能會堅決不賣。我有一間公司是販售產品的，平均客單價是四千五左右，在創業初期，有不少網路客人會跟我們殺價，而我的合夥人只要遇到這類狀況，就會算一筆帳給我看：「扣除物流、金流、銷貨成本，我們幾乎等於沒賺。」你可以思考一下，假設你是老闆，你賣不賣？在創業初期，我絕對會賣。很多人會說，這樣豈不是會打壞品牌價值嗎？那麼我就要反問一句了，「你的品牌真的有價值嗎？」

　　「**交易是基於信任的價值交換。**」剛才提到了，這是在創業前期，也就意味著我們沒有多少粉絲量，沒有多少顧客正面評價，也沒有多少新聞、媒體露出，消費者跟我們購買的信任成本，基本上趨近於無限高。在這種情況下，我們憑什麼認為他非要跟我們買不可？除非我們家的產品是像電影《我不是藥神》裡那種治療「慢性粒細胞性白血病」的治療藥物，具有專利跟壟斷性，否則別人轉頭就有其他評價更高、粉絲量更多的商家可以買，為何一定要找你？

在創業初期，**你的姿態應該是求市場買單，因為能不能活都還不知道**，而不是擺著一副高大上的成功品牌樣態，拒絕提供消費者客製化服務。銷售產品除了累積營業額以外，還得累積評價，如果抱著一種「單次博弈」的心態，就算賣出了一次高單價產品，但沒有累積到好的口碑，那麼這樣的銷售也不會是「可持續性的」，這也就意味著消費者不會回購，如果你的產品客單價是一千萬，那倒也沒差，因為消費者就算不回購，你也是賺飽飽；但**如果你的客單價就是區區那幾千元，捨棄一些利潤來換取消費者心佔率，或是降低未來消費者的信任門檻，那怎麼算都不虧的。**

還是前面提到過的那句話：「愚蠢的人活在當下，聰明的人活在未來。」有了好的客戶評價，才會有持續不斷的客源，所以我才會說：「客戶評價，等於未來的現金。」這個想法也確實得到了應證，例如我今年新開的零售公司營業僅兩個月，第一個月營業額是二十萬，第二個月營業額就破一百萬了，甚至有客人在兩個月內回購了四、五

#06

次以上，評價好到連平台方都誤以為那些正面評論是我們花錢買來的。

以上六個方法，希望可以幫助你少走一些彎路，當然還有很多細節可以講，但我總結了幾種在客戶身上發生最常見的問題，來跟你分享。最後想跟你說，千萬不要害怕失敗，如果你能從每次的失敗中學習到新東西，那麼所有的失敗，無非是在為未來的成功鋪路，**只要你還沒真正的放棄，都不算是失敗，如果你有辦法把能犯的錯都犯一遍，那麼就意味著你未來知道如何應付這些錯**，一起加油。

你和成功之間，
存在多少距離？

　　先說，我很討厭「成功」這個詞，因為大部分在市場上教授「成功學」的人，通常都是怎麼成功的？他們大多都是靠收想成功的人的學費而成功的，也就是俗稱的「智商稅」。所以在這個章節，我會替你釐清一般人對於「成功」的錯誤理解，不過，這僅僅能改變你的思維方式，而光會想沒用，還得在思考完畢之後落實為行動，否則就會成為「思想巨人，行動侏儒」。

你想要的根本不是成功好嗎？

在討論這個主題之前，我們一樣要先定義什麼叫「成功」，我自己通常會稱成功這個狀態，叫做「擁有更多的生活抉擇權」，也就是你去餐廳用餐的時候，不會再基於「價格」而做選擇，而是基於「自己喜不喜歡」；你在決定要去哪個國家玩的時候，不會再基於旅遊成本考量，而是基於你想去哪玩；甚至你今天心情不好，不想工作的時候，你可以選擇不工作，放空一整天，並且你這麼做還不會有任何後顧之憂，這就是我說的「生活抉擇權」。他比多數人認為的「成功」就等於「有錢」的定義更廣，而他的根本邏輯是「快樂的生活」，**當你擁有的選擇越多，代表你越能自由的生活，也就越容易感到快樂。**

而為什麼「成功」不一定等於「有錢」？我身邊有不少即便事業很成功的朋友，但因為組織管理沒有做好，所以任何細碎零散的工作，都還是得由自己出面處理，這導致他身為老闆，連健康出狀況也不能選擇不工作，你能說

這樣的人叫「成功」嗎？至少我身為他的朋友，我覺得形容他成功，聽上去有點諷刺。

而雖然「成功」不必然等於「有錢」，「有錢」不等於有「生活抉擇權」，但也千萬不能像某些不認真生活的人，用雞湯灌醉自己，**因為當你沒錢，你就必然沒有「生活抉擇權」，也就意味著你絕對不可能快樂，更精準的說，你的「快樂成本」會趨近於無限高。**

之前在網路上有一篇很紅的雞湯文，標題是：「月薪25 萬和 3 萬的煩惱相同。」而既然身為一碗雞湯，顧名思義就是只給你湯，但不給你勺。雞湯的套路都一樣，就是基於人類的「當前偏差」，透過你行動跟尚未行動之間的時間差來向你收取智商稅，他們善於利用精妙的修辭技巧，許你一個不可能被論證合理的夢，等到你全副武裝、付諸行動時，才發現成功的可能性趨近為零。

那篇雞湯文的結論也不難猜想得到，就是全然否定

#07

金錢的重要性，然後告訴你：「年輕人啊，別這麼市儈，你只要夠『熱愛生活』，沒有錢也能活得開心。」然後當你追問他怎麼才能做到「熱愛生活」，他可能也說不出個所以然，因為他熱愛生活的方式，就是用你給他的錢來熱愛自己的生活。國外有不少研究指出，喜歡看雞湯文的人，智商普遍較低，所以奉勸各位能不看就不看，**學習成為一個只看事實的人**。

　　「沒有比貧窮更痛苦的事。」南韓歌手兼我的偶像 IU 曾經這麼說。如果要說是什麼東西在一生中，帶給人類的壓力持續最久、並且力道最重，那肯定就是經濟壓力。有句話是這麼說的，生活當中有百分之八十的痛苦來自工作；但當你不工作時，生活中有百分之一百的痛苦會來自沒錢。如果你跟我一樣，大部分的童年都浸泡在家人為了一點小錢而爭吵的環境裡，你就會知道貧窮是很讓人痛苦的，而在你連基本的衣食溫飽需求都無法被滿足的情況下，你又有什麼本事能「熱愛生活」？至少我是不信，當一個人得被迫三餐吃泡麵，衣服、襪子或鞋子破

了，還沒辦法立刻買新的，他的生活能快樂到哪去，就算有人真能在這種艱困環境下保持快樂，那也是萬中選一的「離群值」，把特例當常規來看，顯然不合理。

熱愛生活的前提是「不至於遇到生存危機」，所以在能夠讓自己順利生存的前提下，再來主張「金錢無用論」還比較合理一些。

成功人士具備的幾個特質

Richard St. John，一名行銷公司的老闆，曾經受邀到TED 演講，主題叫做「成功人士的八種特質」（8 traits of successful peoples），在他的演講當中，揭露了自己訪談五百位各個領域的成功人士之後，所做出的分析結果。他訪問的對象中，包含諾貝爾獎得主、得過奧斯卡的演員甚至是上過太空的太空人，在他的研究報告中，指出了成功

#07

人士有八個共性：

1、Love what you do 愛你所選

2、Work really hard 認真工作

3、Focus on one thing, not everything 專心一件事

4、Keep pushing yourself 鞭策自己

5、Come up with good ideas 創造新點子

6、Keep improving yourself and what you do 精進自己

7、Serve others something of value 提供他人價值

8、Persist 堅持

　　我們都捫心自問一下，你覺得上述哪一個條件，是你必須聽完這場演講之後才能知道的？這概念就很像以前有不少人問我：「要怎麼樣才能讓自己變瘦？」「管住嘴、邁開腿」這道理大家都知道，關鍵是你願不願意在知道這個知識之後去行動，對吧？

成功人士一天都睡多久？

不知道大家有沒有曾經思考過一個問題，成功人士一天通常睡幾個小時？我之前看了 Youtube 原創的影片，紀錄 Justin Bieber 從事演藝工作的心路歷程，他在訪談當中提到，在他成名之後，基本上每天都只能睡四個小時。當時我剛好正在跟一個在新加坡開會計師事務所的學長 Romero 合作一個項目，於是我就問他：「你會不會覺得我們睡得比他多，很可恥？」Romero 這麼回覆：「Justin Bieber 是在確定不睡覺就能賺到錢的前提下，逼不得已才睡四小時，如果你在還沒辦法睜開眼就像他賺這麼多錢的情況下，逼迫自己睡四小時，等到未來能賺錢的時候，你還有體力嗎？」這是一個雞生蛋、蛋生雞的問題，不過這個回覆，提供給我更多元的視角去看待睡眠時間這件事。

事實上也正如 Romero 所說，如果我連續好幾天，都有從早到晚的行程跟工作要趕，我是有辦法每天只睡二

#07

到四小時的，但當我沒有工作上的急事要處理的時候，我很可能需要睡到六小時才能起床。這關鍵在於你是不是一個「責任驅動」的人，我自己顯然是這種人，假設我的工作進度會連帶影響到別人的工作進度，那麼我的工作效率就會倍增。

關於睡眠時間，還有另一個故事可以跟你分享。我的某個合夥人之前分享給我一篇報導，談論關於全球富豪榜上的人一天都睡多久。他試圖對抗我，因為我常常揶揄在創業初期的他「財富自由」，否則怎麼可以天天都這麼早睡而且睡這麼久？當時他為了證明自己睡覺有理，於是告訴我：「特斯拉創辦人 Elon Musk 一天都睡六小時。」而我的回覆是：「**要學習的是什麼習慣導致一個人成功，而不是一個人成功之後的習慣。**」

我相信在 Elon Musk 創業初期、SpaceX 幾次火箭試射失敗的那段期間，他一天是不可能像現在睡到六個小時這麼長的。網路上有非常多統整成功人士一天生活作息

的文章，這樣的內容非常有可能是倒果為因的，所以大家在接收這類資訊時，必須要去思考：「究竟是這個習慣導致他的成功，又或者這只是他成功之後的習慣？」否則就會淪為「裝 B」。因為所謂「裝 B」，不就是去模仿成功人士的穿著打扮、容貌舉止跟生活方式嗎？難道你戴上一支貸款買來的勞力士，你就是成功人士嗎？那肯定不。

最後，其實我們都不應該糾結自己的睡眠時間，因為睡眠時間具有剛性的物理限制，每個人的時間一天就是 24 小時，但你的工作效率，則有非常多細節可以優化，所謂睡眠時間，有時候跟「年資」的概念一樣很虛，很多我們認為喜歡倚老賣老的人，豈不就是慣用自己「從業多少年」來佐證自己可能比你來得更專業、更有能力嗎？但活著的時間久，就一定比別人活得更有價值嗎？那可未必。如果一個人年紀大，但他生命中有九成以上的時間都在渾噩度日，只有剩下的一成時間認真專注，而剛好那一成的時間又是在打手遊的時候，你覺得這人會比年輕人更有產值跟成就嗎？顯然不會，所以與其糾結一天多睡或

少睡一、兩個小時，我們其實可以選擇把更多注意力放在如何提升自己的工作效率，這樣會更務實一些。

你離成功有多遠？

　　之前我的合夥人問我一個問題：「你為什麼找我合作？」因為他認為我身邊肯定存在更多比他有成就的人，起碼有成功創業的經驗，那麼我選他的原因是什麼？我當時跟他分享一個詞叫做「馬太效應」（Matthew effect），是社會學家 Robert K. Merton 在 1968 年《科學》期刊上發表的一篇文章中提到的一個詞，之所以叫做「馬太」效應，是因為在聖經中的馬太福音第十三章十二節有這麼一段話：「凡有的，還要加給他，叫他有餘；凡沒有的，連他所有的也要奪去」。舉個例子你就會明白，你認為藝人跟藝人背後的團隊，包含髮型師、彩妝師甚至是攝影師，和藝人的名聲及收入相比，對等嗎？這些幕後工作人員或許

此生花在專業技術學習上的時間是和藝人相等的，甚至比藝人來得長，但是每當得獎的時候，大家投射出來的崇拜，又或者得獎後所產生的一連串經濟利益，是不是高達百分之九十都被藝人給拿走了呢？諾貝爾獎也是一樣，一個研究成果的背後，往往有無數團隊的協助跟支撐，但最終名利雙收的，往往只有該團隊的負責人，這就是「馬太效應」。

為什麼會有「馬太效應」，又或者 M 型化社會？其實你用邏輯推理就知道，富人是怎麼賺錢的？常見的手段是靠人脈資源互相交換，例如我有個朋友跟我分享他加入的一個組織，入會條件限制是資本額過億，那麼假使你有辦法借助任何方法加入進去，你交換人脈資源的對象都是 M 型化社會裡富有那一端的人，你就可以透過與另外一位富人合作，讓自己的資產更妥善地分配利用，讓資產成倍增長，最終導致富人變得更富。甚至，假設你的戶頭裡有一億，就算存款利率只有百分之一，你錢放銀行啥事不幹，一年也能有一百萬利息，比大部分上班族年

薪都高。再來，有錢人還可以靠商業模式的不斷複製而致富，例如，你開了間火鍋店，這家火鍋店幸運地活了下來，並且相比你之前替人打工的工資又多了好幾倍，你除了有資本，也掌握了開火鍋店的商業模式，接下來你要如何讓自己變得更有錢？就是把相同的商業模式複製五遍甚至十遍，開五間或是十間店，你後面讓自己薪資成倍增長的阻力就會相比一開始大幅減弱，所以「馬太效應」跟貧富差距，在我看來是一個必然結果。

也就是因為明白這個道理，所以我才選擇那位朋友作為合夥人，我說：「即便你薪水現在只有十萬，那並不代表你離成為富人很遠，因為你只是還沒找到可複製的商業模式。只要合作項目成功後，透過大量複製，你的薪資收入就有機會成倍增長了。」而要具備大量複製的能力，前提是得有實力，還得選對產業。能力他是有了，只是以往仍舊停留在替別人打工的階段，而現在轉變為替自己打工，也就是自己開公司，那麼你說他離成為富人還遠嗎？共勉之！

如何讓自己在一瞬間成功？

上面提及的「成功」，大多還是世俗定義的「成功」，也就是「變富」，我們這邊來談談我認為「成功」更精準的定義，也就是「生活抉擇權」。假設你不像一般人有那麼多物慾，可能像我一樣認為雞排配珍珠奶茶，就是世界上最好吃的食物，沒有特別喜歡名牌包跟名車，嚮往的是田園詩式的生活，可以不擔心衣食溫飽，偶爾可以吃個大餐、出個遠門，那麼有沒有一種方式，能夠讓你在一瞬間「成功」呢？這邊先講結論，那就是搬去「生存成本」低的地方住。

在我撰寫這本書的時候，時間是 2023 年，台灣的外籍移工約有 74 萬人左右，那麼請你想一想，為什麼很多印尼人、菲律賓人，會願意離鄉背井來台灣當移工呢？其實只要簡單算一個數學就能明白，假設在越南工作一個月的工資，可以讓你在越南買十個麵包，但在台灣工作一個月，卻可以在越南買一千個麵包，那麼如果想要達成時

間效益最大化，那麼在目標都是「買麵包」的情況下，我們的行為最優解肯定是在台灣工作一個月，再回越南買麵包，對吧？這實際上也解釋了商業上之所以會出現「國際代工」的原因。多數在台灣的外籍移工，努力在台灣工作幾年之後，大多就能回自己的家鄉蓋房子，並享受富人般的退休生活，當然，這裡指的是合法的外籍移工才辦得到。不過我得承認，標題中講的「一瞬間成功」確實浮誇了，我先自己掌嘴，但對比很多在台灣的人必須工作幾十年，還不見得能過得這麼「成功」，相比之下，真的可以說是「一瞬間了」了。

接下來要跟你分享的是，我自己之前百思不得其解的一個問題：「為什麼對岸的人普遍都這麼樂觀跟友善？」如果你是一個極端的政治份子，那麼你可以先緩一緩，不繼續往下看沒關係，直接翻到下一個章節，或許對你內心的衝擊比較不會那麼大。

前幾年因為工作及個人原因長期往返對岸，我發現在

那邊能感受到大部分的人都有「民胞物與」的胸懷，例如：你在路上可以很隨性地和人搭上話，在餐廳吃飯的時候，清潔阿姨也很可能會突然和你聊起天來，甚至把你當兒子一樣關心，還會動不動來問你「有沒有吃飽」、「需不需要加免費的小菜」等等；在搭計程車的時候，司機大哥也都很願意跟你分享當地的景點跟生活方式。印象非常深刻，有一次我們只是和司機大哥隨口說一句：「這邊有沒有什麼好玩的？」那時候已經是晚上九點了，但大哥講解完當地的景點之後跟我們說：「不然我直接帶你們去繞一繞比較快。」於是就真的遊車河帶我們繞去了好多著名景點，而這麼一繞，實際上完全不能讓他多賺車資。所以我就非常納悶，到底為什麼那邊的人可以這麼好客又熱情？直到有一次，我打算在那邊買車，貌似找到了答案。

我之前因為想在對岸買一台車代步，於是查了查兩邊 BMW X1 的價格，發現在台灣要一百九十萬元起，而在對岸只要九十一萬七千元起，價差快百萬，不信的話，你可以自己在百度上搜尋某車款的價格，兩邊比較一下

#07

價差多少。而恐怖的並不是這個價格，而是價格背後所需要支付的時間成本，假設目標都是購買 BMW X1，月薪是台幣三萬，在不計較其他開銷的情況下，你在台灣需要花一百九十除以三萬元，也就是花費六十三個月才能買到；但在對岸只需要花九十一點七除以三萬元，也就是三十個月就能買到，這中間多出來的三十三個月的差距，你可以享受更多美食、遊歷更多國家、累積更多可生財的資產，甚至只是陪陪自己的家人和朋友。

當然，我清楚這樣說可能不是那麼精準，因為每一個地方的平均薪資收入都不大一樣，我想說的是，**生活成本會直接影響一個人「成功」的難度。**這說明了一件事，假設每一個剛畢業的人所設定的目標，都是成家立業、買車買房，那麼在畢業出社會的那個瞬間，兩邊社會新鮮人所需承受的壓力，就價格上來看，很可能是倍數的差距。理解了兩邊的狀況，那邊的人相對樂觀友善，貌似也就合理了，因為「生活成本」相對較低。

我之前特別喜歡在那邊用「美團外賣」APP 點烤鴨吃，因為相同半隻烤鴨的份量，在那邊只需要花費台幣一百五十元不到就能吃到，而且價格還包含運送費。你可能覺得這麼便宜的烤鴨，好吃嗎？摸著良心說，至少非常合我胃口。接著，或許有朋友會問：「好吃是好吃，但關鍵是能吃嗎？」這個問題的潛台詞是「這麼便宜，會不會有毒」，答案是不大可能會，因為那邊的總體物價都比台灣便宜，所以「生存成本」也低。住宿也一樣，我自己習慣住希爾頓酒店，那邊酒店的價格是台灣的三分之一，但房間大小卻是兩到三倍大，公設的豐富程度也比台灣好上非常多。這其實也解釋了為什麼台灣人很喜歡去泰國旅遊的原因，因為支付相同費用，在泰國能享受到的服務跟體驗很可能是優於台灣的。其實就連台北人週末去東部或南部玩，都可以感受到當地的食物更便宜實惠，更何況把視角拉到更宏觀的國際上來看，而之所以能夠用相同的錢，在異地享受到更好的生活，原因是每個國家乃至地方的基礎建設水平不同。

舉個極端例子，假設你花相同的錢在北韓，你可以獲得的生活質量可能相對較低，因為國家把大把鈔票都挪去搞軍備競賽，那麼理當沒有什麼基礎建設可言。我之前很喜歡看關於移民到加拿大的華人受訪的影片，多數人表示那邊的環境優美、工作機會多、人普遍和善，移民過去之後，生活品質得到了大幅提升。所以每當看到身邊在台北抱怨生活困苦的人，我總會想：「他們何不考慮去生活成本較低的南部生活呢？」除了不會像台北到處都是鐵皮屋、道路規畫有待加強以外，還可以享受更低廉的物價。如果以買房來講，在台北要買和高雄相同大小的房子，要花的費用可是兩到三倍多的，重點是你辛苦買來的房旁邊可能沒公園、對面可能是加油站，甚至離捷運站還遠，社區得跟外人共用停車位，而這兩到三倍的差距，重點依然不是花費，而是這個花費背後你所需要支付的時間成本，台北人需要承擔的時間成本是南部人的兩到三倍以上。最悲哀的是，很多人此生不是想不明白這個問題，而是壓根兒就沒意識到還有這種解決方案，連很多沒文化的台灣人歧視的外籍移工，可都想得比我們更明白。

我常講，多數人前二十年的人生，是為了滿足父母對學校成績的期待而活的；畢業之後的二十歲到三十歲的人生，是為了滿足社會對自己的職級期待而活的；三十歲到六十歲的人生，是為一間自己搞不好住不滿二十年的房子而活的，這難道說明了是因為你還不夠努力，所以即便工作到沒日沒夜，卻依然要等到都離棺材沒剩幾步距離的時候，才能繳清房貸嗎？這一切的一切都是你的錯嗎？絕對不是！如同我剛才提到的，不論是成家立業的「生活成本」、衣食溫飽的「生存成本」，又或者旅遊度假的「娛樂成本」，都跟一個地方的經濟發展還有制度有關，而面對這樣的龐然巨物，我們身為一介平民，肯定無法撼動其一根寒毛的。不過我們得清楚一個事實，雖然無法去改變，但我們可以選擇更適合自己生活的地方，如果不滿意自己現在的生活環境，那麼與其成天抱怨，至死方休，倒不如認真思考是否斷捨離，直接選擇移居或移民，適應新環境的時間短至一個月，最多也不過一、兩年，用兩年時間換後半輩子的快樂，值得。

#07

生活穩定後的煩惱

買名牌是為了什麼？

消費主義的逆反

　　假設你越過了創業初期，開始積攢了一些錢，選擇權變多了，這時候你很可能會考慮將部分的資產放置在治裝或買奢侈品上，我稱作「消費主義的逆反」，也就是在變富之前，我們可能會對於生活上的開支百般計較，連吃個滷肉飯要不要加顆滷蛋都會猶豫半天，而在創業成功之後，因為刻苦耐勞久了，就會想對自己好一點，於是肆無忌憚地開始消費。

我在國小的時候非常厭惡禮拜三的到來，因為我知道在週三的早晨，我又得打開衣櫃，拿出那件不大合身的鮮紅色 T-shirt，和那件已經被我穿破、有點泛黃的九分牛仔褲，原因是我沒有其他像樣的便服可以穿，所以就這樣連續穿了好幾年。就連假日的時候和朋友出門，甚至運動，也都是一樣的穿著。印象非常深刻，小的時候常常穿著已經「開口笑」的 Adidas 運動鞋，也不敢跟家人說鞋破了想換，因為我清楚，那勢必會讓家裡氣氛烏煙瘴氣好幾天。

　　正因為長期處在消費慾被壓抑的狀態下，所以賺到錢之後，難免就會迎來「消費主義的逆反」，因此你非常有可能將前期賺到的大部分錢，大把大把地花在買奢侈品這件事上，所以想跟你分享幾個故事，並不是為了讓你「少買名牌」，而是讓你能在想明白後，做出正確抉擇。

若要買名牌，反而建議在變富之前

我知道這個想法有點毀三觀，但且聽我論證是否合理，再決定要不要信。先給你一個結論，在創業前期，也就是錢沒有那麼充足、但也不至於滿足不了衣食溫飽的時候，如果你真想買名牌，我反倒建議你在這個時候可以買，原因是奢侈品牌在一般人的圈層裡，還是多少有辦法發揮「社交貨幣」的作用。

所謂「社交貨幣」，是指可以作為讓我們看上去更美好的一切行為或事物，而奢侈品就是一個「社交貨幣」。關於奢侈品的作用有這麼一說：「名牌的存在，是為了讓富人能更好地將自己和窮人劃分開來。」

各位可以想想，假設在大學同學中，有人總是背 LV 或是 Chanel 包包來學校上課，大家對於這個同學會如何評價？肯定會覺得這個人很時尚、高貴，所以對這個人高看一眼，對吧？如果你說你不會這麼「以貌取人」，那

麼我再舉個例子，假設你們一群同學相約假日出門玩，大部分同學都騎摩托車，偏偏有位同學開著全台限量的 Porsche 跑車，你難道不會或多或少對這個人產生更高一些的評價嗎？這不是誇飾，而是在我母校世新大學有非常多富二代，其中有一位就真的開著限量跑車上下學，還因為曾經在學校的十字路口甩尾而上新聞。

我們姑且先不針對那些會因為別人穿戴名牌而對他們高看一眼的人，做任何的道德評價，但這些人是客觀存在的，所以不可否認的，奢侈品在一般人的圈層裡，確實能產生「社交貨幣」的作用，那麼假設你想快速地被這個圈層裡的大部分人高看一眼，甚至只是讓別人對你產生更多的好奇心，進而打開你們之間溝通的橋樑，那麼買奢侈品或許就是一個正確的選擇，我會稱它為「策略性購買」。我們或許都鄙視那些以貌取人的人，但我們欣賞一個人，何嘗不是始於顏值呢？我認為這無可厚非。

#08

變富之後,名牌的附加價值蕩然無存

剛才講的是創業前期,因為在還沒創業成功之前,你的生活圈存在的都是些正在奮鬥的人,他們正為著求存而努力,自然會對奢侈品有更高的評價,因為「得不到的總是最貴」,那麼當你創業成功之後,這些奢侈品還能發揮作用嗎?

我有一個很好的朋友,跟我的關係好到像家人一樣,她在二十六歲時,就在全台開了近十間美甲美睫店。有一次我去高雄出差,想說順便在工作閒暇之餘,幫她拍支個人形象片,看能不能對她的事業有所幫助,一方面也私心想滿足自己的創作慾,所以索性就借住她家。有一天晚上,我坐在她的辦公桌前用筆電工作,她告訴我待會必須出門去參與一場社交活動,因為裡面會有非常多商業大佬參加,於是她匆忙走了出去,關上了門。但是不過三十秒,她又打開了門。

「妳忘記拿什麼東西，我拿給妳，這樣妳就不用脫鞋了。」

「沒有，我放一下手錶。」她淡定地說。

「妳就為了放支手錶跑回來？」

「對呀，因為待會來參加那場局的，很多都是身家幾億的人，手錶有戴跟沒戴一樣。」

說完之後，她放下了價值八十萬新台幣左右的勞力士手錶，就又匆忙出門了。

現在你知道為什麼我會稱有些人買奢侈品的行為，是「策略性購買」了嗎？在一般人的圈層裡，價值八十萬的勞力士能產生「社交貨幣」的作用，但是當你所在的圈層裡，勞力士對這些人來說不過是「想不想買」的問題，而不是「有沒有能力買」，那麼「社交貨幣」的作用就蕩然無存。

這就是為什麼，你在創業前期，如果你有想買奢侈品的慾望，我建議你可以適當「策略性購買」的原因，除了

#08

能買到自己認為好看並且喜歡的東西以外，在商業跟人際溝通上，還具備提高別人對你的評價的附加價值。當然，前提是你不至於讓自己三餐不繼。

依照這個邏輯推論，你會發現在你創業成功之後購買奢侈品的價值，其實是低於創業成功之前的。當然，如果你是真心喜歡某個奢侈品的款式，那麼在你有點能力的前提下，偶爾滿足一下自己的購物慾，那也無可厚非，並不是每個選擇都必須這麼「功利性」導向。

最後，想跟你分享一句來自 1999 年的電影《鬥陣俱樂部》，Brad Pitt 在電影裡有一句台詞：「廣告促使人們買車、治裝，努力做著自己厭惡的工作，只為了買一些我們不需要的廢物。（Advertising has us chasing cars and clothes, working jobs we hate so we can buy shit we don't need.）」

在購買奢侈品之前，你必須明確地知道自己購買的

真正原因是什麼，究竟是你真喜歡，又或者它能在人際溝通上提供你更多的談資，進而協助你達成商業目的？又或者你買這個東西，單純是為了跟人攀比，那你就真的如 Brad Pitt 所說的，買到一堆廢物，那也就得不償失了。

#08

我該如何找人合作？

　　有一句話我相信你也聽過：「一個人走得快，一群人走得遠。」從初期創業的沒賺錢，到後期的穩定獲利，大多數人都總有一個人身兼老闆、財務、小編、美術、物流、業務的時候，邁過生死線關口，有了閒錢以後，就會思考到底要不要請員工，甚至找合夥人，以達成「低價購買時間，高價出售」的目的，那麼要如何讓自己在合作上不吃虧，也能讓後面的合作愉快順利呢？這個章節會跟你分享我自己多次跟別人洽談合作的經驗，雖然我沒有吃過什麼大虧，頂多提供朋友幾乎零風險的創業合作方案，卻被朋友獅子大開口，浪費了一堆時間，而這些我歷經過的失敗經驗，希望看完這個章節以後，能幫助你不重蹈我的覆徹。

搞清楚自己的籌碼，免得被人當白痴

如果你想跟人合作，你必須要思考的第一件事情是自己有什麼籌碼，才能夠避免自己被騙，又或者才有辦法說服別人跟你合作。現在我們來做一個思想實驗，假設你最好的朋友在事業上已經頗有成就，有一天他突然告訴你，現在有某個產業投資機會能夠賺錢，於是詢問你合夥意願，那麼你會有什麼反應？

大多數人很可能會想：「他是我最好的朋友，有福同享所以才找我，這是應該的吧？」但是我們要清楚，商業是一場理性的遊戲，雖然你跟他關係最好，但如果他有一個關係跟他沒那麼好的朋友，能力比你強上好幾倍，那麼很顯然他的最佳策略不應該是找你合作，而是找那個關係沒那麼好的朋友。因為**在商業上，任何行為都必須計較成本和收益**，否則犯錯的代價可是要賠上真金白銀的。所以很顯然的，一個在商業上有成就的人，不大會意氣用事去做傻事，他願意找你合作，肯定是在你身上看到什麼價值。

所以在這種情況下，你一定得追問對方一個問題：「這麼好的機會，你為什麼會選擇我？」這概念就很像女孩子在決定跟別人在一起的時候，大多會問「你為什麼喜歡我」是一樣的道理，因為透過這個問題，女孩就能立刻知道眼前這個看上去文質彬彬、道貌岸然的人，實際上是不是一個渣男。那麼相同的，在正式合作之前，你也必須問一問類似這樣的問題，這樣你才能明白在這次的合作中，你具體能提供什麼價值。假設對方提不出一個合理的說法，你便明白事情一定有蹊蹺，請記住一句話，**天下沒有白吃的午餐，任何不需要即刻付出代價就能享受的快樂，就是毒品，你總有一天必須償還的。**

　　最壞的狀況，肯定是對方想要詐騙你，我在學生時期就常常聽過很多朋友分享，他爸爸曾經因為太過相信親友，最後導致自己一手創立的公司被人掏空這類的故事。

　　如果對方已經家財萬貫，不需要透過這種手法去騙小錢，你仍然必須思考最有可能的原因是什麼？

我有一個女性朋友是個歌手，她聲音甜美、長相可愛又溫柔善良，最重要的是唱歌好聽，而且會彈琴又會寫歌，她曾經很想往音樂領域發展，嘗試過錄專輯、組團，但是最終都不了了之，因為合作到了中期，對方就會開始釋出想追她的訊息，而每當我朋友表明自己沒有意思、也不會跟合作夥伴有進一步的關係，對方便會開始鬧脾氣，不願繼續合作。很顯然是打從一開始就有了壞主意，醉翁之意不在合作，在談風花雪月。所以假設你跟異性合作，記得在合作之前有意無意地表明，你不會跟合作夥伴在一起的鐵則，無一例外，免得對方是基於性激素分泌旺盛而跟你合作，而不是欣賞你的才華，認為你能夠替公司創造價值。

　　在前面的章節有提過，在你還沒有半點成就之前，你憑什麼認為人家台大畢業月領八萬，而你卻有能力可以領十萬？一樣的道理，假設你的經歷跟能力尚沒有比一般人來得突出，那麼對方大可以去找身邊更優秀的人合作，為什麼要選擇你呢？是因為你具備什麼優勢，又或者

#09

不可被替代的技能嗎？如果不是的話，那麼被人當肥羊的可能性就大了。

關於釐清自己有多少籌碼，才能有效地說服別人跟你合作，概念如同面試，**你必須跟用人主管表明他們「憑什麼」要用你，並且要盡可能把你所擁有的資源和能力「量化呈現」**。舉例來說，我會跟別人說，如果你跟我合作，我可以提供你的價值包含影像製作、廣告投放、平面設計及文案撰寫等等，但這樣說明還不夠有說服力，我會就每個項目具體能夠替他省下多少錢，來進一步補述，我可能會替對方這麼算帳：

「你想要曝光、想經營社群，就得需要有影片素材對吧？那麼假設你想自己組建一個影像製作團隊，你得先花四萬請個攝影師，再花四萬請個剪輯師，當然你也可以選擇花五萬，找個會拍又會剪的人，這樣你每個月的開銷就是至少五萬。」

「你如果覺得前期影片素材的需求量沒這麼大，當然可以外包給其他人做，不過，以一支有質感的影片起碼要五萬起跳來算，你如果要投放廣告，絕對不可能只需要一支影片吧？至少流量廣告一支，再行銷廣告一支。」

「我這邊假設你真打算做蠢事，就拿一支影片去投放廣告，成本五萬、但你還得會投放廣告吧？不會的話，你又得外包，外包一個月的價格，我們就算最低三萬好了，光這兩個工作，你最起碼就得掏八萬，這還不包含你需要支出的廣告費用。而如果跟我合作，你除了可以省八萬以外，我還會負責平面設計跟文案撰寫，並且會有資金湧入，更重要的事，我有成功的客戶案例，你能省下的不只是一個月八萬，而是一個月至少二十萬。」

這麼量化之後，是不是比只講「我能負責什麼項目」來得更誘人呢？

#09

理解對方的籌碼，別錯失大好機會

　　我的經驗告訴我，世界上最有自信的人分兩種，一種是極度有能力的人，一種是極度無能的人。馬雲曾經多次表示，如果有新進員工給他提戰略及發展建議，那麼下場沒別的，直接滾蛋。這原因很簡單，一個菜鳥給打滾幾十年的老總提意見，有沒有想過自己憑什麼？這概念就像，有些不理性的網友會在專家的文章底下，嚴正指控對方的智商有問題，並且當起專家的老師來，如果只是單純想找情緒宣洩的對象，那麼當然沒問題，但如果是想理性地討論是非，那麼在為人師之前，都必須想通幾個問題：第一，人家在大學教過書，我為何覺得自己比他還聰明？第二，我每天花在學習的時間有比對方多嗎？否則我為何會覺得自己比他聰明？

　　在前幾個篇章提到過我有一位女性友人，年紀不到三十歲就在全台開了近十間店，她之前常常跟我分享，每次計程車司機問她年紀多大、從事什麼工作，她只要回答

自己正在創業，計程車司機總會開始給她提非常多創業建議，屢試不爽。然而這個狀況不僅存在於商業中，在藝術領域亦然，最奇怪的一件事情是，每一個人都覺得自己是音樂專家，你如果曾經點開 Youtube 上某歌曲的 MV 下方留言，你就會清楚我在說什麼。而商業中最奇怪的一件事，莫過於大部分的人都認為自己懂行銷、懂商業，即便自己並沒有靠過自以為正確的行銷決策，賣出過東西並賺取豐厚收益。

在第一章節有提到，人們大多數是自戀的，所以在大部分人都傾向高估自己能力的情況下，在合作之前，你就必須要審慎評估，合作對象究竟能為這次的合作提供多少價值。老樣子，你也必須用量化的方式去計算他能夠為你節省的成本，跟能創造的潛在收益有多少。

舉例來說，之前跟我的合夥人在找投資標的，於是合夥人去找了我們想投入的產業中的某個老闆洽談，再談完了我們能為他創造什麼行銷價值之後，對方非常不客

#09

氣地說到：「我為什麼需要你們幫我行銷？我之前都是自己隨便拍一拍照，廣告隨便按一按，就有客人來了。」我的合夥人追問：「隨便按一按能創造的月營業額是多少呢？」對方回覆：「八到十萬。」

　　當我合夥人跟我講的時候，我也只能苦笑，因為如果對方一個月光靠自己一個人「隨便」就能創造的營業額是八十萬或一百萬，那麼帶有這種不尊重他人專業的氣焰，我認為還情有可原，然而身為一個老闆，每個月創造的營業額如同一般高階主管，卻以成功人士的姿態跟別人談合作，我們也只能以笑置之，然後心中暗自評價這人可能腦袋不好使。

　　況且，如果「隨便做」都能有客源，這意味著市場存在紅利，也就是說只要在每個行為節點上進行優化，修正執行細節，就能夠收割更多「消費者剩餘」，但對方很顯然被自己一時的「豐功偉業」給蒙蔽，忽略這些意義背後潛藏的巨大商機。

如果能「零風險創業」，你做不做？

我是一個不喜歡麻煩別人的人，因為總認為佔人便宜會讓自己看上去很沒用，而提供價值給別人、讓人感到滿意，反而能讓自己收穫大量的成就感，在洽談合作上也是一樣。

過往我提供給人的合作條件，幾乎是讓對方能「零風險創業」。當然，這邊的風險是指資金上的，而不是時間上的。之所以會這麼做，是因為在我的理解裡，合作的目的無非是希望一加一能大於二，如果因為我的介入，讓對方不能賺取大於一的利潤，那麼說明我對他毫無幫助，反而還加重對方在分工、協作上交互時間的浪費。

比如其中一個合作條件是給予對方「薪資保底」，假設對方保底薪資是三萬，公司淨利是四萬，那麼扣除三萬之後的一萬，我們再來對分，也就是對方可以拿三萬五，我只能拿五千，當然，如果公司賺的錢低於三萬，那麼所

#09

有錢就全數歸他，我一毛不拿。再比如，我還開過一個條件給別人，我必須讓對方的營業額持續數月比過往的營業額增幅達多少個百分比之後，我才能分潤，並且分潤的金額，還得從我加入後多出來的營業額中計算，分潤前還得先扣除成本。

我之所以敢讓對方「零風險創業」還有另一個原因——對於自己眼光跟能力的肯定。假設連自己都不認為介入以後能讓這家公司更賺錢的情況下，還找人合作，這不叫「想合作」，分明就是「想白嫖」別人的既有資源罷了！我個人認為這樣十分不厚道。但是，即便我給的合作條件已經如此優惠了，還是有不少人在前期會表示感恩，等到合約擺上談判桌的時候卻豬羊變色。人類是貪心的，尤其在資源匱乏的人身上，這種「能佔便宜就不要放棄機會」的心態，表露得更淋漓盡致。

曾經與某個合作對象談攏，也都開始前期籌備工作了，但是到合約簽訂的時候，他認為有些內容必須做調

整，而他想調整的正是已經優惠到不行的「保底薪資」條款。他說，如果公司賺的錢低於保底薪資的話，必須計入公司的負債，也就是假設他保底三萬，公司只賺兩萬，那麼他除了拿走兩萬以外，還得紀錄公司欠他一筆一萬塊的費用，因為他認為這是他的全職工作，他必須一天八小時扎實地待在店裡服務客人，而我「只需要」負責行銷工作，這並不會佔用我一天八小時的時間，因為這「只是」我的投資，所以他認為自己理應得到更多的報酬。

假設你未來打算跟別人合作，我不知道你聽到對方這麼說，你會不會認為對方追加的條件很合理？但事實上，若這樣的說法要被視為合理的話，那麼必須滿足一個前提，那就是對方的每單位時間產值高過你。**工時長不代表能夠提供的價值多，在商業裡每一個行為都可以明碼標價**，舉個簡單的例子，為什麼同樣工作時間是八小時，但在餐廳端盤子跟在科技公司當高管的人相比，享受到的薪資待遇有如天壤之別呢？原因很簡單，因為他們工作的強度和在每單位時間裡所需要投入的知識密度是

#09

不一樣的。

　　想當然的，最終這個合作理所應當的破局了，而我沒有任何遺憾，並不是因為我有成功的創業經驗，而他沒有，所以我認為自己高他一等，而是我並不認為自己的專業能力在未來能受到應有的尊重，在這種情況下，我們幾乎可以預料一件事，未來我為公司執行任何行銷或商業決策時，都會有一個非專業人士對我指手畫腳，最終導致公司消亡。

　　有一句話是這麼說的：「假設有一天 Elon Musk 願意讓你免費上火星，你就不應該挑艙位。」除非你有本事靠自己就能上火星。所以假設未來你遇到了一個在行業中相對有經驗的人，請在計算籌碼的時候，不要無理地要求工作時長必須相等才算公平，因為你認為的公平，很有可能只是在時間這個維度上公平，具體的貢獻，別人遠比你大得多。為了追求這樣的小公平、小利益，背後的代價很可能是犧牲未來的大利益。

找人合作前的心理建設

在跟別人合作之前，我建議你必須默認自己同意了以下條件，否則就不要輕易與他人合作：

一、專業分工，不互相干預

過往有一些合作對象在開會的時候，會告訴我他是如何執行他的份內工作的，例如跟我分享他做某一個任務的思路，我通常會請他直接跳過，不需要特別跟我報告。舉例，假設他是業務，工作內容是負責見客戶、讓客戶買單，我不會過問他是如何成交的。同樣的，如果我的合作對象在會議當中詢問，「你打算如何執行商業策略跟行銷方案？」我通常也會直接跟對方說：「我不會跟你講這些，因為這對你的工作沒幫助，你需要知道的，我會讓你知道，你不需要知道的，我不會告訴你。」

我之所以這麼做，是因為我清楚地知道，合作的目的

#09

無非是因為我有你需要的專業能力，而你也有我需要的專業能力，並且我們沒有多餘的時間去從零開始學習對方的專業技能，所以才決定透過合作的手段，讓對方承擔這部分的技能責任，以讓自己獲取更充裕的時間，去做自己更擅長的事，不是嗎？**如果我花時間去理解不能幫助我更好執行我份內工作的知識，那麼無異於是浪費時間，因為「插手專業」，也可以稱作「時間成本的二次浪費」**。一個公司的產值，跟公司內部所有人所貢獻的時間總量有關，一個人就能做好的事，另一個人如果再花額外時間去理解，這不就像是在學生時期，老師為求公平，所以要求兩個人去抬明明一個人就抬得動的便當嗎？這就是「時間成本的二次浪費」。理解了這個道理，那麼在商業上的合作，就不能按照「抬便當模式」來進行。

所以我跟人合作，通常會把一句話掛嘴上：「我沒意見」或是「我尊重你」，非我專業領域的事，我是絕對不會主動去插手提意見的，除非對方主動向我詢問建議，而就算我提了一個自以為比對方還棒的建議的時候，我仍

然會表明，該任務的最終決定權是在對方身上的，因為他是該任務的主要負責人，而我不是。

二、坦然接受失敗

創業就跟借錢一樣，你如果老想著自己能百分之百成功地把錢收回，那麼一旦錢收不回來，你就注定心態崩潰，而心態崩潰的代價很可能是長時間的一蹶不振。所以與其抱持著一定要成功的心態，讓自己未來可能在面臨失敗的時候，感受到無比痛苦，倒不如在一開始就打好預防針，抱持著「如果公司成功活下是自己撿到」的心態。當然，這並不意味著你必須帶著隨便的態度去經營，而是**你必須確保自己的心態健康到能坦然面對任何失敗。**厲害的人有一個共性，那就是抗壓性高，而抗壓性又分為物理層面還有心理層面，物理層面無非就是有足夠的資金去面對虧損，而心理層面則是清楚理解一個道理：「**所謂失敗，不過是在為未來的成功鋪路。**」

#09

前陣子剛好有幸受曼都國際的邀請，為員工進行演講，我是這麼替自己的講座開場的：「以往我們參加講座，當我們坐在台下的時候，就算講座還沒開始，我們仍然可以預料在接下來的兩、三個小時裡，一定會有一個人站在台上，告訴你自己究竟有多成功。但我覺得那很愚蠢，因為不管台上那個人有多成功，到底是關我屁事？所以接下來，我會跟你分享我所有的失敗經驗。」

　　接著，我就真的在講座中認真地講述自己此前的人生究竟有多麼失敗。而我之所以不以失敗為恥，那便是因為我知道「所謂失敗，不過是在為未來的成功鋪路」這個道理。為了讓大家能夠理解，當時我問了台下一個考駕照時會出現的題目：「駕車時發生交通事故，若有人受傷而肇事逃逸，依照道路交通管理處罰條例，可能會處以多少罰款？A：$1,000-$4,000，B：$4,000 - $7,000，C：$5,000 - $8,000，D：$6,000 - $9,000。」面對這個問題，答對的機率是百分之二十五，而當你答錯一次，你接下來答對的機率就會從原本的百分之二十五，上升到百分之

三十三，若你再答錯一次，你接下來答對的機率就會躍升為百分之五十，直到最後答對為止。這豈不就如同我剛才所說的「所謂失敗，不過是在為未來的成功鋪路」嗎？

最後，如果你跟人合作，你是負責行銷相關的工作，那麼你就一定得確保對方具備了「坦然接受失敗」的心態，否則你未來的合作，有極大機率會出現可預料的悲慘。你可以簡單做一個思想實驗，假設第一個月的廣告投放成效好，讓公司營利提高，那麼對方會有什麼反應？肯定會特別敬仰你，覺得你果真是行銷大神。但如果下個月不論是因為 Q4 的關係，還是因為疫情導致廣告成本上升，致使公司的營利相較上個月降低了，那麼對方就必然會開始對你的能力產生質疑，即便你過往有很多成功的案例。這就很像某些不專業的球評，大多都是看比賽結果在給予球員評價，如果某球員剛才投進非常多三分球，球評就會稱讚他今天的手感特別好，如果某球員後面突然開始投不進了，球評就又會改口說他今天的狀態不優。

#09

營業額的表現受到太多外在不可控因素影響，例如偶發性的社會事件、國際經濟狀況等等。例如你是賣牛奶的，假設最近某品牌被爆出使用毒奶粉泡奶，這就可能導致其他蛋白質攝取類的飲品，例如豆漿的銷量提升，而你的牛奶銷量下跌，這時候能說營利的減少，是因為你專業能力的問題嗎？但對於某些人來說，只要虧錢就會心態崩壞，而心態崩壞，就必須找到一個看似合理的藉口來讓自己感覺舒服點，而找到這個藉口最簡單的方法，就是把所有過錯怪在別人身上，這就是「坦然接受失敗」的重要性。況且如果一個人想要賺錢，他顯然必須清楚「投資有賺有賠」這個道理，如果跟「想賺錢又不願意承受風險」這種腦子不大好使的人合作，那麼你也別指望能賺到什麼錢了，否則傻的除了別人以外，還有自己。

三、誠實且保守地告知自己的能力

請記住，如果一個人的能力配不上他野心，那麼機會終將砸在自己手裡。我們都希望能夠跟比自己厲害的人

合作，但現實卻告訴你，厲害的人也想跟比自己厲害的人合作，如果真要說，那至少也得跟自己一樣厲害。所以，如果你為了希望能和比自己厲害的人合作，索性在洽談合作的時候吹噓自己，那麼你遲早會被對方識破，因為別忘了，對方比你厲害。這概念就像你要一個成年人去識破一個小學生是不是有在說謊，那簡直易如反掌，如果最終被人發現其實自己只是嘴上功夫了得，你得付出代價的。

最後提醒

請讓我再雞婆一下，以下是關於合作上的最後提醒，我已經替你失敗過一次了，希望你能不要重蹈我的覆轍：

一、不要找太多合夥人

如果這是你的其中一個投資項目，那麼你可以找多一點合夥人沒關係，因為雖然分母變多，每人所分得的利益變少，但相對要做的事就沒那麼多了，這概念就像把毛利壓低，去達成薄利多銷的目的，拚的是投資項目的多寡，而不是每單位投資項目的報酬率。

但如果這是你主要的投資項目，那麼你必須清楚一個現實，大多數人不會去看未來，甚至不知道怎麼看未來，至少在我的經驗裡，就算再有能力的人，也很可能只會看眼前，原因其實也不難理解，厲害的人大多會有一個主營業務，所以當相同兩件事擺在眼前，一件事是來自確

定已經能賺到錢，並且正在賺錢的，而另一件來自能不能賺錢都還不確定的新公司的事，那麼是人的話，肯定都會把重心放在前者，而假設合夥人一多，每個人在未來能分配的收益又更少的情況下，那麼合夥人表現得不上心，也就成了必然結果。

假設你的合夥人不是這樣的人，那麼你也不能開心得這麼早，因為合夥人一多，意味著意見會更加混雜，在錢少的情況下，意見又難統一，那麼執行效率就會低落，原本找合夥人是想要加速開公司的進程，沒想到最後卻變成找罪受，所以建議如果沒有充足的合作經驗之前，不要輕易去找太多的合夥人，錢不夠就賺錢，賺不夠就去找銀行借。

二、跟任何人合作都要簽約

有一句話是這麼說的，你給一個商人一百萬，並叫他去殺人，他不會去；你給他一千萬，他也不會去。但你如

#09

果願意給他十個億，那麼他非常有可能會去，因為他會分配資金，花一億叫人去殺，再花兩億收買司法機構，最後自己淨賺七億。

理解了這個道理，**在商業上，不要隨便去相信任何人，即便是你最親的人也不例外**，你們之間必須要產生能力均衡，就像日本漫畫《咒術迴戰》中，最強的咒術師五條悟，因為有它的存在，世界才有了均衡，很多咒靈因為怕被消滅而不敢出來搗亂。

不少商人會因為過度關注收益，而忽略了收益背後所產生的外部成本，這也是為什麼我們可以看到很多工廠會選擇排放廢氣、污水，又或者使用自己也不願意食用的添加物來生產食物，只為了追逐成本最小化，因為背後的老闆只是給決策，負責教唆的是主管，實際操作的很可能是工廠的作業員，中間的關係鏈條複雜，也就降低黑心老闆做出無良決策的行動成本。

我自己也遇過兩次跟好朋友合作的吃虧經驗，為了不讓別人覺得我在黑他們，詳細是什麼狀況我就不說了，因為即便後來我們分道揚鑣，他們在我心中仍然有重量。所以無論你跟那個人交情好不好、生意做得大或小，建議都必須在事前把合約擬定清楚，以避免基於人情世故而產生的變革，影響到商業合作。

#09

為什麼我不社交？

多數人想要社交，卻都用錯了方式

在做某件事以前，得先釐清從事這件事的目的是什麼。大多數中老年人社交，是為了能夠獲得情緒價值，而大多數人年輕人之所以社交，無非是為了能找到更多的商業機會。但獲得商業機會的方式有很多，社交是一個，增進自己的實力也是一個，而在時間有限的情況下，我發現多數人都會選擇前者，也就是去參加厲害的人會出席的活動，到充滿厲害的人的地方去跟人社交。如果你跟我一樣有社交恐懼症，那麼作為社恐的我們，我相信你也曾

跟從前的我一樣，在看到有「社交成癮症」的人，總會對他們有近似於這樣的評價：「『社交』說好聽點，是想讓自己有溢價，說難聽，不過是想讓自己獲得不虞之譽，也就是得到超過於自身實力應得的聲望又或者商業機會。」

但我們都必須承認一個事實，**能利用社交而不靠技術實力達成目的的人，依舊是個有能力的人。**如果你認為只顧著社交，不顧增進自己技術實力的人，全都是些想藉著趨炎附勢而一步登天的，那麼你可以親自試試，看自己有沒有辦法真能靠著「一步」社交就「登天」。實際上並沒有想像中那麼簡單。

考場思維告訴我們，靠知識密度達成得分目的的人，才配得上高手的稱號，但職場思維卻告訴我們，不管你有沒有完備的知識體系，只要能達成得分目的，不管你是靠運氣、靠關係甚至靠肉體，你都可以稱得上是「人中之龍」，對吧？老闆哪會管你用什麼手段，只要訂單拿下，獎金你就有一份。當然，我在這邊得先承認，以我個人的

價值觀偏好，我確實比較欣賞有技術實力的人多一些，但我不否認「社交」也是種硬實力。釐清了這個道理之後就會明白，多學一些社交技巧，對自己總歸是好的，所以我們這邊先來談談，為何多數人進行的社交，實際上回頭一分析，會發現基本都是無效社交呢？容我以保險業作為例子。

在這邊，我必須先幫保險業喊冤，因為保險這項產品對人的幫助是大於壞處的，你想一想就知道，每個月很有可能只需要花個幾千元，就能在人生最危急、最需要用錢的時候，有人願意幫你出幾十甚至幾百萬，怎麼算都是很划算的呀！但為什麼大家好像都普遍排斥買保險呢？顯然問題不出在「產品」上，而是出在「人」上。

說真的，保險業是一個需要技術實力又必須具備相當厲害的社交能力，才能做得好的職業，但多數人之所以做不好的原因，無疑是犯了多數想透過社交達成目的的人都會犯的錯，就是以獲取價值作為社交目的，而非提供

價值。你應該也曾經收過久年未見的老友傳來的訊息，表面上看似是噓寒問暖，提供你情緒價值，甚至跟你說有一個很棒的活動想跟你分享，但實際上只是一味地想透過各種手段，看能否跟你見上一面，找到成交機會，向你索取價值。

我有一個在知名電商平台 EZtable 做業務才沒幾年、就從基層當上主管的好朋友，他跟我分享很多業務在銷售的最後，眼見沒招了，甚至會開始裝可憐，求別人「支持一下」，這一樣是種單方面索取價值的行為。但如果我們動動腦袋不需要太認真地思考一下，就能得到結論──難道這種拙劣的銷售或社交手段，別人不會發現嗎？又發現了之後，不會對你產生負面評價嗎？百分之百會的，那麼為什麼還要用拐騙的方式，也就是企圖索取價值，而非提供價值的方式，讓人出來和自己見上一面呢？

說回剛才的話題，假設我是保險業務員，想在親友之中找尋潛在客戶，我又會怎麼做？我一定會在發送給他

#10

們的訊息開頭把話講明：「我現在是保險業務員，之所以傳訊息給你，就是打算看有沒有機會找到剛好有需要的人，如果你不需要的話沒關係，我就不用各種拐彎抹角的方式，拐你出來跟我見面，浪費你時間，你只要記得，如果未來你打算買保險的時候，我願意提供你協助就行。」想一想，如果之前那些打算用話術把你騙出來見面的保險業務員，改用這種方式作為開場，你是不是感覺舒服多了？因為這些話的核心概念是設身處地為他人著想，不強求別人浪費時間去做自己認為沒意義的事，同時也表明如果將來有需要的話，自己樂意為別人提供價值。

當你提供別人價值的時候，別人才會願意對你提供價值，進而達成我們樂見的有效社交。再例如一個成功的自媒體經營者，便是在一開始不計較成本地對受眾提供高價值，才能在最終換得粉絲的回饋，對吧？所以說，人生總是事與願違，越想從別人那邊獲得價值的人，往往無法獲得價值；越想提供別人價值的人，最終才能獲得超額回報。但我非常喜歡這樣的事與願違。

如何社交，又或者說如何增加社交效率？

想增加社交效率，那麼還是得借用之前提過的概念——**單次時間，多次銷售**。而要落實這個概念，「請員工」是一種方法，假設你自己去社交，那麼你不吃不喝，一天也只有二十四小時，若你公司請三個業務，那麼總共就有七十二小時。如果你暫且還沒打算請員工的話，「經營自媒體」也是一種方法，我身邊很多有影響力的朋友，都是因為看到我發布在社群上的內容而結識的。相同都是花兩小時，如果內容價值含量夠高，那麼比起線下社交，你撰寫文章後發布所能結識到的朋友可能更多。

在《社交天性：人類如何成為與生俱來的讀心者？》書中有提到，神經學家曾經做過實驗，想了解人在無聊沒事幹的時候，腦子通常會想些什麼？研究發現，人只要閒下來的時候，就會去思考自己和別人之間的關係，實際上，如果用演化心理學或是進化論的角度，也能夠解釋，因為「社交」有助於協助我們生存或繁衍後代嘛！你試想

#10

在好幾千年前，有一群人生活在周圍滿是高過頭的灌木和草叢裡，你認為是那些基因中存在社交傾向的人，有機會存活下來，還是那些喜歡特立獨行的人，更容易活下來呢？假設有一頭猛獸從草叢中竄出，獨行俠僅憑一己之力，很可能沒兩下就繳械了；但如果是一群喜歡社交的人面對猛獸，三個臭皮匠是可以勝過一個諸葛亮的。

理解了這個道理，你就知道為啥大部分的人會喜歡看一個人露出上半身、對鏡頭講個不停的那種影片，又或者為啥有人會買書來看，因為那是人類與生俱來的社交傾向的表現，我們之所以喜歡看書，豈不是因為你想了解作者的想法，但你忙、作者也忙，沒機會見上一面，於是退而求其次，選擇用追蹤作者的粉絲專頁，又或者買作者的書來讀，以取代無法面對面社交嗎？

剛才說明了「如何提升社交效率」以及「為什麼人類有社交傾向」，以下跟你分享兩個社交的小套路：一、富蘭克林效應（Ben Franklin Effect），二、友誼公式。

一、富蘭克林效應

如果用一句話來解釋什麼是「富蘭克林效應」，那麼便是「別人對你感到滿意的時候，恰恰是別人對自己感到滿意的時候。」都說「施比受更有福」，你應該體驗過那種僅僅是幫助別人一個小忙，然後別人含情脈脈、熱淚盈眶看著你，貌似你完成了什麼偉大壯舉時的悸動吧？那種被人需要、感覺自己生而為人是有價值的體驗，總是令人嚮往的。明白了這個道理，那麼還不簡單，處處向人求助不就得了？當然不能這麼簡單粗暴！因為行動是需要付出代價的，例如你跟朋友借十塊錢，他或許會不假思索地拿一張百元鈔票給你，還叫你不用還；但如果你跟朋友借十萬元，他可能就會稍微糾結一下了。

所以要想使用「富蘭克林效應」達成社交目的，你請別人幫忙的項目，必須得確定那是別人輕而易舉就能完成的。例如：你在學生時期，喜歡隔壁的同學，你想要跟他產生互動，那麼你可以請他借你一個橡皮擦、一支筆，

#10

按理說，大部分人都會願意借的，因為這幾乎不會有什麼成本耗損可言。而在歸還的時候，你便可以說：「如果你沒借我這隻筆，那麼我就白白浪費一小時來聽這一堂課了。真的很謝謝你，人長得好看又善良。」那麼這個同學便會因此對自己感到滿意，而對你也感到滿意。

另外，「登門檻效應（Foot In The Door Effect）」也告訴我們，當你成功地請一個人協助你之後，他為了要維持自己樂於助人的形象，他就會變得更願意協助別人，如此一來，你們也就更能進行深度的社交了。

二、友誼公式

先說，我自己始終認定，**最厲害的業務，就是能讓消費者忘記自己的身分，誤認為你是他的朋友。**實際上，如果你身邊有朋友是某行業頂流的業務員，你會發現他們大多有能力跟客戶變成朋友，妥妥地實現「顧客終生價值（Customer Lifetime Value）」的獲取，這就是友誼公式

有價值的地方。

　　友誼公式是《如何讓人喜歡我》這本書中提到的概念，一段關係的促成，主要受到四件事情影響：彼此距離、接觸頻率、相處時間、互動強度，如果用我的話說，**一段關係的促成，無非是受到距離、頻率、週期和強度四個變量的影響。**

　　1. **距離**

　　就是指實際的接觸距離，例如一個在日本、一個在紐約，距離就遙遠了。俗話說「近水樓臺先得月」，即便現在科技再發達，終究無法彌補肉身與肉身接觸時的體溫，這也是為什麼很多人無法接受遠距離戀愛的原因。

　　2. **頻率**

　　就是接觸的次數。心理學上的「曝光效應（Mere Exposure Effect）」告訴我們，人都喜歡熟悉的東西，1992年曾經有兩位學者做過一個名為 Exposure effects in the

#10

classroom 的實驗，他們讓數個不同的女學生出現在課堂裡，什麼事也不做，只是分別調整了出現的頻率，結果顯示，男同學對於出現頻率較高的女學生的好感度更高。這其實也不難理解，因為熟悉的事物會帶給自己可預期的安全感，例如你常去的飯館、常吃的滷味攤和拉麵店，你到那個環境裡就會自然地卸下防備，這是心理學上的確定效應所導致的結果。

所以如果你想找到跟別人社交的敲門磚，你只要多次在那個人面前出現即可。你可以想像一個場景，假設你在每次下班都去的超市裡，每次都遇到同一個人，見第一次、第二次，你可能不會有什麼想法，但是見到第三次的時候，你或許就會想：「這個人是不是也剛好住附近？」如果常態性地見到第五次、第十次面，你很有可能就會更願意跟這個人講上話了，原因就是因為熟悉了嘛！

前面有提到我認識一個在 EZtable 任職沒多少年就升職為主管的朋友，他曾經跟我分享過，他之所以能夠靠一

己之力，把公司很多年都簽不下來的餐飲集團搞定，就是因為大多數的業務只要被拒絕一次，就會將客人從潛在客戶名單裡排除，把成交視為單次博弈。但是他即便被客戶拒絕了，仍然會堅持不懈地多次拜訪客戶，直到信任度拉滿，最終才能成交。所以千萬不要老想著在第一次接觸時，就能極大化收益，否則這概念無異於渣男拿著名車鑰匙，就自認為可以把女生騙上床一樣，即便真的有人願意，轉換率也會是理所當然的低。

3. 週期

指的是接觸的時間長短。如果一個人見面的頻率高，但每次接觸的時間都很短，那麼一樣無法產生深度的關係，如果你想分享一個故事，那麼相比一小時以上的接觸，五分鐘、十分鐘的連結一定較弱。

4. 強度

根據「社會滲透理論（social penetration theory）」的解釋，「自我揭露」分為兩個維度，分別是廣度和深度。

#10

所謂廣度，就是可以聊的話題，例如你喜歡爵士樂，我也喜歡爵士樂；你對手錶感興趣，我也剛好喜歡買錶。而所謂的深度，是指聊天的內容是不是只停留在淺層的風花雪月上，例如什麼東西很好吃、什麼東西很好玩，這種就是屬於比較淺層的社交，而探討彼此對於生命的意義，就使屬於深度的交流。

這四個維度，正是形成一段關係的基本要素，如果和別人社交，卻無法滿足這些條件，那麼就很有可能會降低社交的效率。

後來我發現，我並不是不喜歡社交

如果你和我一樣，知道社交很重要，並且自己也具備一定的社交能力，但面對社交總還是感到煩心，那麼這邊跟你分享一下我最近的感悟。今年我給自己一個任務，

就是——非必要不拒絕任何社交活動。原因倒不是我想要跨出舒適圈，因為人如果一輩子都能待在舒適圈，安逸自在地過生活，那傻子才選擇踏出去。而是你遙想剛開始和現在最好朋友認識，或是和論及婚嫁的男友女友相識的日子，你會發現，打從一開始你就不知道自己有可能會跟這人一直要好下去，對吧？所以你永遠不會知道在某次的社交場合中，有沒有可能又遇到一個跟你志同道合的人，這是我說服自己嘗試社交的其中一個原因。

前幾天講完課，看到朋友表示自己剛被人爽約的動態，我就臨時起意跟這個朋友去金山看海，晚上去吃北海岸有名的劉家肉粽；沒過幾天又和朋友去瑞芳爬茶壺山，見到斷垣殘壁和山嵐，這才發現我其實不是不喜歡社交，我只是不喜歡和會讓我耗能的人社交罷了。說起來也很奇怪，有些人和你講上幾句話，你便會立刻感受到如沐春風的舒適感，而有些人哪怕只是聊上一句，總讓你感覺要少活五年。於是我發現，**熱愛生活其實就是最好的社交方式**，有一句話是這麼說的：「朋友是在各自通往理想生

#10

活的道路上偶遇的。」

最後提醒

請你記住這句話：「人脈是弱者對強者的意淫。」

在這邊先強烈推薦想創業的朋友可以看《風吹半夏》這部影集，他講述了一個女孩子從原本想靠社交手段來讓自己公司獲益，到後面認清了「社交」這種方式存在的風險跟成本太高，所以轉而強化自身能力。誠如大家都知道的「應酬」，也就是三不五時去跟利益關係人喝酒，喝酒應酬確實有機會成交，因為他利用了心理學上的「錯認效應」，讓對方在酒精的催化下，誤認為是你讓他產生了愉悅心情，因此覺得跟你合作一定也能愉快。不過就算你真的有辦法把人灌醉，讓人當下立刻壓手印、簽合約，但是酒醒之後呢？終究還是得看實力的。

我高中的時候曾經在港式飲茶店打工過，店裡面有非常多人會主動去找主管聊天，明明店裡有非常多客人需要幫忙，不趕緊去做事，而是忙著在主管旁邊跟他們寒暄幾句。實際上，我大學時在台灣微軟實習也遇到過這類人，但主管顯然不傻，他們肯定會衡量利弊的，我們只要設身處地想一想就知道，如果你是主管，高層現在指派一個任務給你，你會把任務交付給那些平時喜歡在你旁邊拍馬屁、但看上去無能的員工，還是指派給那個即便平常不會主動搭理你，但是能力超群的人？至少我遇到的狀況是，他們無一例外，選擇了那個「只做事、不做人」的我。

還是那個概念，**當你的能力配不上你的野心，那麼機會最終還是會砸在自己手裡。**商人不傻，面對龐大的利益，他們不會為了你那不值錢的面子，而把機會讓給你，除非你的面子能讓他未來賺到大錢，所以總歸還是得看實力的。

#10

覺得自己
不夠好的煩惱

讓優秀成為必然

如何成為一個比別人優秀的人？

這世界上有很多矛盾的地方，正如每個人都想過上精緻有質感的生活，但擁有權利去選擇過精緻生活的人，往往現在的生活都過得不大精緻，因為他們把人生中大把的時間都獻給了工作，而非享受。

我原本不大相信電視劇裡頭那種狗血情節，例如《三十而已》劇中的主角王漫妮，是一位在精品服飾店工作的員工，有一次，店裡來了一位穿著僕俗的媽媽，儘管她的

同事跟她說「不需要跟這種人介紹」、「一看就是買不起，來瞎晃的人」諸如此類的話，但她仍舊抱持著一視同仁的態度，讓客人感受到賓至如歸。最後，這位客人沒耽擱她太久的時間，就購買了一件要價百萬以上的高端訂製款。但實際上，那位媽媽給人的感覺，正如同我身邊那些努力的打工族一樣，樸實無華，不穿金戴銀，不張揚而低調，卻富有經濟實力。

如同大家都熟知的企業家賈伯斯、祖克柏一樣，衣櫃裡躺臥的是數十件相同的素衣服，因為他們把決策的心力，放在比穿搭來得更重要的案牘上。那麼想過精緻生活的我們，或許可以先問自己一個問題：我們願意先去過一個看上去不大精緻的生活，或是當一個看上去不太精緻的人嗎？

如果你願意，那麼究竟什麼是「優秀」呢？在厲害的人眼裡，其實很容易理解的，所有的「形容詞」，都是經由比較而來的，如果沒有參考點，我們就難以評價武敬凱

這個人到底是高還是矮，是聰明還是愚蠢。所以如果你希望自己能獲得更好的薪資收入、有更好的工作機會，你要做的第一件事就是「市場調查」。老闆請員工的底層邏輯，無非是企圖找到那個暫且低估自己市場均價的人才；員工之所以去打工而非選擇創業，也是因為不知道自己在人才市場中的客觀價值。所以**做市場調查的好處，就是釐清自己的生態位**，如果你的能力極強，強至成為市場的前百分之十，那麼低估自己的能力、選擇去當人員工，怕是淪為大材小用；反之，如果你高估自己的能力，貿然選擇創業，那麼就很可能成為行政院經濟部統計的，創業失敗率高達百分之九十的其中一個百分比的貢獻者。

那麼具體怎麼進行「市場調查」呢？你可以先從此前的經驗衡量起，問自己一個問題：在你此前待過的環境裡，你的能力水平有沒有達前百分之一？我清楚能力這件事很難具體量化，因為這跟打遊戲不一樣，沒法有明確的經驗值和等級標示。所以你也可以從行為這個維度來衡量。用一個簡單的邏輯去推想，如果那些你欣賞的很

厲害的人，平均一個月至少會看一本書，而你一年連一本書都沒看；他平均一天工作十二小時，而你一天平均只工作八小時，那麼中間四小時的差值，你要怎麼去彌補？你得證明自己的智商過人或是天生骨骼驚奇，否則在不考慮其他變因的情況下，你幾乎是不大可能和這些人一樣優秀的。但是，你也不需要因此而悲觀，因為解決方案已經擺在眼前，剛才說了，所有「形容詞」都是比較而來的，「優秀」也是一個「形容詞」，你只要比他人多做一點，那麼一旦把時間的維度拉長，你未來要比這個人厲害，幾乎就成了理所當然的事了。

我記得大學時，我曾經在風傳媒實習，當時我就給自己設立了一個目標，這個目標還被當時的大學同袍給恥笑說我「奴性太重」，我的目標是——要成為最早到公司的那個人。我記得自己那時候比主管指定的時間，還要提早一小時到，甚至有很多次我到的時候，公司連門都還沒開。之所以這樣做的原因很簡單，並不是我比較勤奮，而是我比別人會算數學加減法，當大家都在吃早餐的時候，

我已經把早上的工作進度往前推進了好幾十個百分比。

　　我還給自己一個任務，我記得那時候主管給實習生的每日任務是，一天要幫十五篇文章下標題、寫大綱，於是我算了一算發現，這任務根本用不著一天八小時就能完成，所以我要求自己用半天的時間就達成主管給的 KPI，用一天的時間給了主管預期的兩倍回報。

　　在兼顧效率跟品質的情況下，我撰寫的內容，是當時唯一被大主管在社團中公開誇獎的，而對比其他實習生，真的按主管的要求，在八小時中只完成十五篇，我完成三十篇以上，依照這個邏輯推理，你認為在未來誰有機會享受到更好的薪資跟待遇呢？所以還是那個簡單的結論——**你要想比別人優秀，你只需要在每個節點上，都比別人多做一點，那麼一旦把時間的維度拉長，你未來要比這個人厲害，幾乎就成了理所當然的事了。**

讓自己不動聲色地變好

一個優秀的人，大多是一個很好的產品經理，他們將自己視為一個產品，不斷地對產品進行優化和打磨，好讓自己在市場上能獲得更高的溢價。「人生就像是滾雪球，你只要找到足夠濕的雪，以及足夠大的坡，終將能越滾越大。」這是巴菲特提出的「滾雪球理論」，他強調的仍然不是天賦的重要，而是每一個小行為在時間維度上拉長後的價值。實際上你會發現，優秀的人都有一些「好習慣」，例如早起、運動和閱讀等等，為了讓你更好理解「滾雪球理論」，這邊我想跟你分享一個商業案例。

不知道你有沒有曾經在路上看過 Google 的街景車？又或者說，你有沒有曾經想過，你現在打開 Google maps，之所以不論各個馬路，甚至偏僻的鄉間小路都能透過「街景」功能看到四周的環境，究竟是如何實現的呢？我剛才已經揭曉答案了，就是靠一輛又一輛的 Google 街景車蒐集來的。你可以想像一下，在世界的各個角落，存

在一幫看上去很傻的人，他們騎著車、開著車，繞過窮鄉僻壤、走過大街小巷，只為了用土法煉鋼的方式，在世界的每一處拍上一張照，以完善「街景」功能。你如果不理解這件事本身有多瘋狂的話，你可以這麼想一想：

Google maps 是在 2005 年正式上線街景地圖功能，假設 Google maps 蒐集世界地圖的時間是五年好了，那麼在 2000 年那個年代裡，你如果跟一個人說：「欸，我想要做一個網路地圖，並且這個地圖可以讓所有用戶看見全世界的街景，我的方式很簡單，就是在全球各地雇用一堆人騎車、開車，走完每一條道。」你認為那個人會怎麼回你？不管他是你朋友或你家人，我敢保證百分之九十九以上的人聽完你的想法，會覺得你這人腦子是不是傻了，因為這聽上去就是個「不可能的任務」。

但是誰知道，Google 當年就真把這事幹了下去，並且透過五年的積累，終而完成了當初在大家心中認為異想天開的目標 Google maps。就算現在 Apple 是全球最賺錢

的公司，你認為他要複製一個 Google maps 容易嗎？這就是「滾雪球」的力量，起初看似不可能的事情，在時間的維度上，都存在可能性，**起初看來很渺小的付出，在時間的維度上，都能形成巨大的力量。**

而當雪球滾到一定的量體時，還有機會產生「複利效應」，也就是基於本身價值，所催生出來的指數型增長收益。如果你對於「複利效應」這個概念一知半解的話，容我舉個音樂領域的例子。

假設你想學流行音樂的話，那麼在你學會一個和弦、兩個和弦、三個和弦的時候，你可能彈不了幾首歌曲，但當你學會四個和弦的時候，你可以彈的歌曲就會呈指數型增長，例如：〈Beyoncé - Halo〉、〈Jessie - Flashlight〉、〈Ed Sheeran - Thinking out loud〉的主旋律，都是四個和弦往復循環的。而當你再多學一個和弦，也就是你如果能夠彈出五個和弦，那麼你能彈奏的歌曲又會迎來一次倍數的增長，例如膾炙人口的歌曲〈田馥甄 - 小幸運〉、〈胡夏 -

11

那些年〉、〈周興哲 - 你好不好〉、〈孫燕姿 - 天黑黑〉、〈林俊傑 - 記得〉、〈周杰倫 - 稻香〉，你都可以彈完百分之九十五以上了，因為流行歌曲大部分都是使用跟〈卡農〉一樣的和弦走向，只是在編曲上做點變化而已，這也是為什麼很多人會覺得周杰倫十年前寫的歌，怎麼跟十年後寫的歌聽起來這麼像的原因。

每日練習

理解了滾雪球效應的重要性之後，這邊有幾個每個人都能開始實踐的每日小練習，讓你在未來能夠迎接複利效應：

一、打字

我高中的時候，一分鐘可以打 108 個字，去年下半年

上了「打字練習、線上中打測驗」網站重新測了一下，發現自己現在一分鐘已經可以打 180 個字左右了。但是，我去年某段時間，依然撥出了一、兩個小時來訓練打字，因為我意識到一個嚴重的問題，我打字的時候，有兩三根指頭是發呆不動的。為什麼我會認為這很嚴重呢？因為在網路時代裡，有非常多的工作，必須藉由打字去完成，例如：回客戶訊息、查資料、打文件，甚至剪片、訂餐、買東西、叫車等等。當你理解了這一點之後，你會發現「打字」這件會影響一個人工作效率這麼嚴重的事，竟然在多數人半輩子以上的人生裡，都是用潛意識去完成的，那該有多麼恐怖？更直接地說，如果你從事的工作是跟電商、行銷或是自媒體相關，那麼你的工作效率，很可能有 50% 以上是由你打字的速度決定的。

過去只要有人在我旁邊看我工作，總會對我操作電腦的速度感到震驚，他們大多會以「看不懂我在幹嘛」作為評價，因為我對於快捷鍵、軌跡板的操作手勢，已經嫻熟到不是用肉眼就能判別的了，這其實是我刻意練習打

字後所帶來的結果。

理解了「打字速度」究竟有多重要的人，分為兩種：第一種是立刻打開行事，新增「打字練習」行程的人；第二種是覺得很重要，但習慣將所有的行為停留在「覺得重要」，而不是「實際行動」的人。

如果你的工作也高度與「打字」相關，那麼建議你現在就安排上「打字練習」的行程，起碼要求自己一分鐘打字的速度落在 80 字以上，否則連基礎的「文字輸入」工作，都要耗掉你大半的時間，那麼你怎麼還能奢求自己的腦袋能高效的輸出創意呢？這些有價值的點子跟創意，很有可能在你做著乏味的打字工作的時候，逐漸產生能量耗損，直至消失殆盡，那就得不償失了。

二、每天讀五頁書

大部分人的知識總量，在畢業之前達到頂峰，而在畢

業之後則就開始逐年下滑，因為在學校裡，好歹有人會逼著我們要唸書，就算你跟我一樣很混好了，至少也會讀個幾本自己喜歡的科目。但畢業之後，讀書這件事在眼下看來，不再指向一個明確的挑戰，也就是在考試上必須拿高分，這也致使很多人一年讀書的量可能是少於一本的，這也就意味著哪怕你一天僅僅是讀上五頁書，那麼在一年 365 天裡，你就比別人多了 1825 頁的知識儲量了！這影響的可能是你跟別人交談時的自信，因為你將比別人擁有更多談資，不會盡聊一些風花雪月，例如哪邊又有好吃的、哪邊又有好玩的，最起碼也不至於會像某些人，看上去霸氣又自信，但一開口就讓人幻滅，覺得這人胸無點墨，毫無邏輯可言。

有一句話是這麼說的：「在你的氣質裡，藏著你讀過的書，和你愛過的人。」如果你是一個不學無術的人，那麼就毫無氣質可言。

11

三、沖冷水澡

先說，要做這個練習，必須先確認自己的體質是否適合，如果你有心血管疾病又或者先天體虛，那麼請經由醫生允許之後再嘗試，否則可能會導致不可逆的健康問題。

沖冷水澡可以讓身體分泌去甲腎上腺素，進而讓自己在工作的時候變得更加專注。王品集團董事長戴勝益在之前受訪時也有提到，自己會在晚上洗澡的時候沖冷水澡，這樣有助於提振精神，不過我個人建議早上的時候做會好一些，除非你跟戴董一樣在晚間還得忙碌於案牘，否則晚上沖冷水澡很有可能會讓自己難以入睡。

四、冥想

有一句話是這麼說的，「情緒始於愚蠢，終於懊悔」，情緒來了的時候就跟喝醉酒一樣，事後總會對當下的所作所為表示後悔。心理學家把人的心理分為兩半，不理

性的那一半是大象，而理性的那一半則是騎象人，而人之所以常常犯蠢，做出不理性的決策，那是因為大象一旦被激怒了，那麼憑藉騎象人的一己之力，是很難安撫大象的，因為身體要調動理性，往往比調動情緒反應來得更加耗能。

如果就進化論的角度來說，人類的這種不理性凌駕於理性之上的慣性，其實是為了讓我們更好地生存及繁衍後代，例如，當我們的手不小心觸碰到燒燙的鐵器，身體會立刻做出把手拿開的反應，以免自己長時間觸碰被燙傷，這就是身體繞過理性、不經思考所做出的行為。但是，我們實際面對的問題處境，大多都不像手去觸摸燒燙鐵器那樣，必須在一秒之內做出抉擇，例如，當你看到網路上有人對你留言進行謾罵的時候，你其實只需要多思考十秒，你就能理解「回罵」這個舉動，對你來說並沒有實質的幫助，反而只會惡化自己的情緒，並招來更多的攻擊。所以理性在大多數的時候是更加必要的存在，但問題就出在人類的身體機制，要調動理性資源是相對耗能

的，畢竟如果不用透過思考，就能夠讓我們活得好好的，那麼有多少人還會願意成天思考？所以如果不透過一些方法去訓練理性的開關，也就是大腦當中的前額葉皮層，那麼騎象人就理所當然地會被大象給牽制了。

　　訓練騎象人的方法之一就是「冥想」，起初聽到「冥想」這個概念，還是在我每天早上起來都會打開的網頁「GatesNotes」上看到的，儘管是來自前首富的推坑，我還是挺不以為意的，因為我自以為是的認為，一個人傻乎乎地坐在那邊啥事也不幹，怎麼可能對大腦有任何幫助？等到自己真的遇到情緒問題的時候，深入探究後才發現，經過科學反覆驗證，冥想確實有助於增厚我們的前額葉皮層，讓我們的思考更趨於理性，不被負面情緒所困。如果你跟我一樣屬於高敏感人，那麼你做一次十分鐘的體感，應該會滿明顯的，有一種感官被開啟，腦袋打掃了一遍的感覺，真的挺推薦大家嘗試的。

五、運動

彭于晏在一次的受訪當中說過，運動的好處是能讓自己變得更有自信，當別人剛起床的時候，你已經晨跑完了，你會對自己感到自信，並且，如果你有辦法控制自己的身體保持這樣的自律，那麼面對老闆交辦給你的任務，你會更有信心地表示自己有能力去完成，如果你連自己都沒法控制，那麼你又怎麼能控制職場上那些亂七八糟的挑戰呢？

我有一個好朋友曾經跟我分享一個想法，雖然這想法不是特別能說服我，但我覺得很有趣，在這裡也分享給你。他是前面提到的 EZtable 電商平台前業務主管，他說，他發現那些有成就的人都有運動的習慣，例如他那個年紀不過三、四十歲，就透過把公司出售而換得億萬身家的主管，常年保持著運動的好習慣。他認為運動是少數容易效仿的成功人士習慣，所以他沒有理由不堅持。時至今日，不論他再忙碌，一大清早又或者大晚上，都還是會

11

堅持去健身房運動。剛好前陣子也跟朋友瞎聊到，我發現多數人在三十歲之後，身材都會開始走樣，因為年輕時候的基礎代謝紅利正在逐年下降，以前連續熬夜三天，可能也不覺得有多累，三餐吃炸雞，也不見得會變多胖，但是年過三十後，一些壞習慣都開始肆無忌憚地反映在一個人的體態上，如果你清楚有很多項調查表示一個人的外表會影響他在職場上的待遇，那麼如果你想要有更好的待遇，或許擁有好的體態，也至關重要。

我自己之前每年都會買健身房會員，但坦白說，最後都只會去前幾個月而已，剩下幾個月變成對健身房的公益投資，對於高度忙碌的族群來說，去健身房有時候時間成本過高，這時候你可以選擇跳繩，或是在自家旁邊的公園慢跑，又或者像我一樣，洗澡前拿出預藏的瑜珈墊，做做仰臥起坐跟伏地挺身，這樣也就不用再多一次洗沐時間，反正晚上總得洗澡。

優秀人的心態共性

除了保持每天的滾雪球練習，以達成複利效應以外，最後也分享幾個我認為優秀的人有的幾種心態：

一、堅持不說不會、不行

我之前有一個員工，有時候在面對我給出的問題時，嘗試了一下子後就會跟我說「不行」，他的意思是任誰都做不到，這時候我都會反問他：「如果我做得到的話怎麼辦？」然後我就真的做到了。面對一個問題，通常會有兩種解決方式，第一種是直接說「不」，這樣我們就可以在不需要支付成本的情況下，快速撇去責任，而第二種方式就是調動理性、出謀劃策，付出行動去解決它，顯然多數人都傾向選擇第一種，因為最不費力。

如果你和我一樣是出身貧窮家庭，要你去達成「階級翻轉」的目的，多數人能夠信手拈來，找上一堆藉口去證

11

明「不可能」，諸如家裡窮、沒有足夠的社會資源，又或者政府無能，導致民不聊生等等，即便我們看過不少靠著自己努力、白手起家而實現階級翻轉的案例。而之所以在還沒嘗試前就先否定了實踐的可能性，是因為多數人習慣選擇行動門檻較低的事件去做，這也是為什麼很多人明明胸懷大志，卻終其一生平庸的最主要原因。

堅持不說不會、不行，倒也不是要我們面對艱難挑戰的時候，硬撐頭皮去逞強，而是如果真要說一件事情「沒辦法」做到，就得拿出合理的論證，去證明為何在物理世界無法達成。否則我遇到多數人口中說的「不行」，那根本的意義並不是「就現有的能力跟資源來看，並不可行」，更多的是純粹的「懶惰」。

史丹佛大學的 Carol Dweek 教授，曾經在 TED Talks 上演講，主題叫做「尚未的力量」（The power of yet），在演講中教授表示，只要**在面對自己無法克服的任務時，說自己「尚未有能力完成」，而不是說自己「沒能力完**

成」，就能提高一個人在未來做成某件事的機率，因為這是「成長型思維」的一種體現。

二、停止抱怨

在李笑來的《通往財富自由之路》一書中提到：「有問題就解決，那叫做實力；沒辦法解決的就承受，那叫做堅忍；遇到問題無法解決又只會抱怨，那就叫無能。」所以依照這個邏輯來看，所謂的抱怨，不過就是在向別人展示自己的無能罷了。它既不能解決問題，又會讓自己深陷負評圈圈，況且這種負面的能量，除了會影響自己的心情以外，還會讓別人也變得負面，也因此你一定要學習停止抱怨，也要遠離那些成天抱怨的人。

三、保持善良

在我的價值觀裡，生命的底色並不是快樂，而是悲傷的，因為現實是人口過剩，因此社會資源永遠不可能充

11

足，所以一定會有一幫人因為無法即刻滿足衣食溫飽，導致生存權利受到威脅，進而做出偷拐搶騙之事，連帶的就會將社會氛圍帶往負面去，導致部分生活在底層的人民對他人產生存疑。

　　我要說的是，在資源相對匱乏的社會裡，對於很多人來說，生存是首要追逐的目標，善良不具備必要性，都活不好了還管什麼善不善良？這也導致善良逐漸稀缺。所以如果你能時時刻刻提醒自己保持善良，那麼物以稀為**貴，在亂世之中你越是善良，你就越顯得珍貴**，我一直很想用一生去實踐這樣的想法，至少我活到現在，雖然早期沒有資源時有吃過虧，但當你積累的良緣越多的時候，你終將被溫暖和愛給包圍。

所謂「矛盾」，
大多是有智慧的表現

一般人是如何評價政治人物說法前後不一的？

我們來做一個有趣的思想實驗，假設有一個政治人物在十年前的政見是廢核或廢死，你可以想像一個畫面，每當他出現在電視節目上、公眾視野裡，總會不斷強調核能有多危險、死刑存在是多麼爭議，結果十年之後的某一天，當你一如往常地打開電視，看著這個熟悉的人，講著不熟悉的台詞：「我贊成核能、支持死刑」，那麼請問，你會如何評價這位政治人物？

我這裡說的評價，不是要你對於死刑、核能等具有爭議的議題進行價值判斷，而是要你對他「說話前後不一致」的這個行為來進行評斷。不知道你是怎麼想的，但我敢保證，如果有一個政治人物出現了這種前後說法不一，不管這裡指的「前後」是指間隔十年、二十年，甚至五十年，那麼網友對這個政治人物的評價，一定會類似於「前後矛盾」、「出爾反爾」等等的負面詞句，至少在台灣是如此。但對於我來說，「說話前後不一致」的行為，其實不足以讓我對一個政治人物形成評價，如果硬要我評價的話，我甚至很可能產生的是趨於正向的評價。那麼究竟為什麼呢？因為至少我能確定的是，這個人擁有能順應時代和民意的成長型思維，而非僵固型思維。

　　我無意把話題延伸至政治，因為我認為台灣人普遍都沒有優良的政治素養，也就是我們可以看見多數人僅僅是看了幾則新聞，平常一頁書也不翻，就誤以為自己是政治學教授，對於極其複雜的政策高談闊論，堅定地認為自己的想法才是至高無上的。因此，這邊僅僅是剛好有

一個讓我印象深刻的，和政治有關的例子要跟你分享。

在我的教學生涯裡，有幾場講座課程，面向的是年紀較小的國中、國小生，其中有一場課程，是替某基金會舉辦的營隊進行授課，當時剛好處於韓姓政治人物在新聞上被大肆報導的階段，於是就有幾個國小生在課堂中，無預警地大喊「支持韓 XX 很丟臉」之類的話。在我的觀念裡，政治是一個牽涉到複雜知識的學問，連多數成年人都無法以理性且正確的態度來對待政治，更遑論是那些是非觀念尚未形塑完善的孩子？所以很顯然的，孩子說出「支持韓 XX 很丟臉」這類的話，並不是經由合理論證而得來的結論，僅僅是因為被媒體長期洗腦所致。

面對這個現象，我當時因為感到十分震驚而發了一篇文〈當小孩也說韓粉腦袋有問題〉，希望大家可以重視孩子的媒體識讀教育，而我這裡想跟你分享的是，當時我身邊有一位不大熟的朋友，轉發了我撰寫的貼文，並在文章當中寫到：「我認同他的說法，雖然我一樣不欣賞韓

當小孩也說韓粉腦袋有問題

XX。」看到他的論述，讓我對這個人瞬間產生了極高的評價，原因是他**在進行個人的價值判斷之前，有經歷「釐清是非對錯」的過程**，如果用更生活化的方式來形容我這朋友，概念就像是一個健身的人在面對水煮餐一樣，他在吃之前，對於「吃什麼」先進行了是非篩選，知道好與壞之後才做出吃或不吃的抉擇，而不管他最後的決定是吃垃圾食物，還是選擇吃水煮餐，最起碼他都經過了一層思考，是經過自由意志所作出的理性決策，而非單純的情緒慫恿或被洗腦，這也是為什麼我對他產生極高的評價的原因。

如果換作是一個不明事理，不喜歡韓姓政治人物的人，你覺得他會怎麼評價？至少在台灣，我很肯定這樣的人轉發我的文章時，附上的備註會是「假中立」或是「藍狗」之類的，事實上還真的有人這麼做，只因為我呼籲家長能夠更加關注孩子的媒體識讀能力。這件事情本身沒有不對，但多數人一旦持有了某種自己認可的觀點，就會不假思索地擁護到底。這就如同一些恐龍家長，在面對

自己的兒女犯下滔天大罪時，還總是能理直氣壯地表示「我的孩子不會做這種事」，這些人的言語行為是同一個概念，多數時候是基於動物性，而非理性，是很原始甚至很拙劣的。

所以有一句話是這麼說的，「擁有第一等智慧的人，是能夠同時持有兩個極其相反的觀點，還能夠正常行事的人。」因為他知道**即便兩種觀點在一個角度上看來是衝突的，但在面對不同的具體情況時，總有辦法解釋為合理，只是我們不了解那些人的當前處境罷了。**就如同你說抽菸一定是不好的行為嗎？站在醫生的角度來看，肯定是不好的沒錯，但倘若有一個人清楚知道抽菸有害人體健康，並且願意承擔這樣的風險，又就現階段而言，抽菸對他來說的成本相對較低，能夠為他提供足夠的情緒價值，好讓他能更有效率地調適心態，去面對工作或緩解焦慮，那麼在我們眼中的陋習，也只是別人面對當下問題的解決方案罷了，只要是在不對他人造成負面影響的前提下，經由自由意志的抉擇，那麼就算不值得被肯定，

12

也沒有理由去否定他。

　　說到這裡，就可以引出這個章節的標題了：「所謂的『矛盾』，大多是有智慧的表現」，**當一個人能夠向他人展示自己的矛盾，前提是這個人必須學會思考、學會權衡利弊。**而當一個人的行為，在時間的尺度拉長之後仍然表現出「矛盾」，這就意味著他和以前的想法不同，例如他以前很喜歡社交，現在卻討厭社交；他以前贊成廢除死刑，現在支持死刑；他以前反對同婚，現在接受同婚；之所以會產生兩種對立想法的前提，仍然是思考，就這個的邏輯看來，你還會認為當一個人說法前後不一致，甚至是說法「前後矛盾」，是一種全然的愚蠢表現嗎？

用矛盾來檢視自己是否正在成長

　　如果你很喜歡攝影，你應該有過一個經驗：上週剪

完的影片、修完的照片，當下讚嘆自己的鬼斧神工、天資聰穎，結果七天之後再打開來回味的時候，突然覺得怎麼這麼醜。每當遇到這個時刻，早期我都會認為自己怎麼就這麼沒有自知之明，竟然敝帚自珍？不過，當我想明白了以後，才開始為此感到開心，因為之所以在面對相同的作品，有能力從原本的覺得好，到後面覺得不好，那勢必得滿足一個條件，也就是「美感的進步」。

如果你不能夠理解我上面的這番話，你可以想一想在幼稚園美術課時，你可能和我一樣，曾經以為自己生來就是個畫家，怎麼隨手就能畫出這麼美的東西，但當數年以後再拿出相同的畫作，你可就不會這麼認為了。當初你以為的曠世巨作，長大後儼然成了一張廢紙，這一樣是個認知上的矛盾，而之所以會有這樣的矛盾，也是因為自己正在進步。

理解了這個道理之後，你就會驚訝地發現一件事，當**一個人前後矛盾時，很有可能意味著這個人成長飛速，**

12

那些有錢人，都是用什麼心態在面對工作？

先跟你分享一句話：「這世界上不會有人願意教你怎麼賺錢，除非你就是他賺錢的工具。」所以不能期望我在這邊會告訴你什麼商業模式，我只是想替你釐清一個觀念，就是有錢人到底為什麼有錢。

錢只是奔向理想的副產品

在大學畢業之前，身為學渣的我，自然沒有什麼遠大的理想和抱負，我認為這輩子只要能月薪五萬，那就功德

圓滿了。而在畢業之後第一年，月薪就來到了十萬，我卻突然覺得這錢好像不夠花，因為買一個名牌包就要五萬；而後月薪來到二十萬時，我仍然覺得錢好像不夠花，因為買一支勞力士要五十萬。這就是英國經濟學家凱因斯想說的「邊際消費傾向」。

在我們月薪只有五萬的時候，不曾想過自己有一個選擇叫做買名牌包；而當我們月薪只有十萬的時候，也不曾想過自己有一個選擇叫做買名錶。隨著能力的提升，我們的物慾也跟著「水漲船高」，那麼可想而知，等到你月薪百萬的時候，你仍然不會感到滿足，因為這時候你又會多了一個新的選擇，買一支要價五百萬以上的 PP 錶。我敢說，大多數人並不是真的懂得欣賞那些名貴的東西，我的意思是，多數人其實不是真的愛錢，他們只是希望透過展示財富，進而獲得社會認可罷了。

在網路上曾經流傳著一句話：「之所以努力，是因為我喜歡的東西都很貴、想去的地方都很遠。」你說貴的東

西、遠的地方就真的好嗎？那可不見得，否則為什麼很多人出國的八成以上時間，都花在「拍照上傳」這個行為上？人們之所以會這麼想，只是因為所有的廣告都在不斷暗示人們一件事——**你的價值跟你對社會有多少貢獻無關，跟你願意花多少錢去買一個你不見得需要，但很昂貴的東西有關。**這也是為什麼多數人買了一個很貴的東西，第一件會做的事並不是仔細端詳產品的細節，表達對這個產品的喜愛，關鍵就出在決定他們喜愛這個東西的程度，來自於拍照上傳之後，有多少網友留言回覆「表示羨慕」。

所以我常跟朋友開玩笑說，要判斷一個人是真的喜歡名牌，還是只是想和別人炫耀，就看這個人是不是買了之後，有辦法忍住不拍照發文。所以一旦一個人擁有了病態的消費主義思維，那麼他做的所有努力，都只是為了讓他能無止盡地透過「購買」的行為，來向人展示自己的價值，而非做自己真正喜歡以及對社會有貢獻的事。

13

在之前的章節當中有跟大家分享了 Richard St. John 在 TED 上演講的內容是關於成功人士的八種特質，不知道大家有沒有發現一件事，這八種特質當中，竟然沒有一個特質叫做「愛錢」，實際上如果你去搜尋完整的演講影片，你會知道講者在演講中有說到，他雖然現在有錢，但他所做的一切事情，從來都不是奔向錢去的，更進一步的說，**那些被大家普遍認為成功的人，如 Bill Gates、Mark Zuckerberg、Elon Musk，他的所做所為很有可能都跟錢不直接相關。**

之前受邀替曼都集團員工進行演講，我在演講中提了一個例子，在賴淑芬董事長接手曼都的時候，曼都集團在全台已經有六十多間分店了，而在就任的十年內，賴董把店數擴張至全球總共五百多間店，如果賴董之所以這麼努力的原因只是純粹愛錢，那麼就邏輯而言是說不通的，因為以她當年的薪資水平來看，肯定已經是全台灣 PR99 以上了。所以我們或許可以得出一個確定的結論——**有錢人之所以有錢並非他們愛錢，錢只是他們認真向他人**

提供價值之後的副產品。

　　在物理世界存在反作用力，當你向牆壁發一個力，重捶牆壁，那麼牆壁也會返還你一個力，而在商業世界也存在一樣的反作用力，當你向這個社會提供價值，那麼你的反作用力中夾帶的除了有成就感以外，附加的就是金錢收益，但因為多數人缺錢，所以總是把注意力關注在錢上面。其實我們就光想一件事情就好，如果說 Elon Musk 之所以這麼努力地想送人類上火星，就是因為想賺更多的錢，這樣想是不是感覺有點看不起人了呢？

如何成為一個有價值的人？

　　理解了向社會提供價值，才能賺取到預期的收益，那麼目標也就明確了，我們得先讓自己成為一個有價值的人。然而什麼叫做有價值的人？之前聽過一個我認為特

別有趣的說法是，我們可以假設幾十年後的自己逝世了，那麼我們的朋友會在自己的追思會中如何致詞？如果我們是一個極端消費主義者，生而為人的目標就是穿金戴銀，那麼你認為那些「好朋友們」，會在追思會上說「我覺得武敬凱好棒，因為他住豪宅、開豪車、戴名錶」嗎？就算真的有人會這麼說好了，那他腦袋肯定也是撞到。而很顯然的，蘋果創辦人 Steve Jobs 雖然非常富有，但大家對他的悼念詞並不是讚嘆他積累了多少財富，而是感念他為人類社會提供了飛躍式的進步，因此，Steve Jobs 是一個極其有價值的人，有錢自然也是理所當然的。

我們來梳理一下邏輯：想要賺到更多的錢，首先要讓自己成為有價值的人；而一個有價值的人，並不是他積累了多少財富，這叫做倒果為因，**一個有價值的人，反倒是他願意提供別人多少價值。**

去年某月，我把一些人退追蹤了，先說，我很討厭有一些追蹤者會在退追之前，特地發訊息來告誡我，貌似表

現出我必須對他的退追行為進行挽留。並不是我高傲地把讀者們視為草芥，而是這世界上存在不同觀點的人比比皆是，每個人都是獨一無二的，如果你不欣賞某個人，那麼科技與時代給你的一個最重要的餽贈便是允許你像古代皇帝一樣，只要動動手指，不費力氣就能找到一個你可能更喜歡的人，追不追、退不退，對誰來說都沒差，大可不必在離開前向人潑糞。所以我也不是要表現我退追某人好像就特別高尚，別人就一定得特別在意，我只是單純和你分享我的心境轉變。

　　每個人在人生中，貌似都會經歷三個歷程：第一個歷程，因為別人長得好看而崇拜。或許膚淺是青春一部分的表徵，在年輕時，我們總認為一個人的價值，來自於他的外貌和顏值，直到出了社會，才發現原來這世界帥跟美的人不盡其數。

　　第二個歷程，因為別人有錢而感到崇拜。直到你開始發現身邊的人都很有錢，這才意識到，原來想要有錢，

#13

只要努力一點就不是件難事。

　　第三個歷程，因為別人有智慧而崇拜。因為你後來發現，多數人的努力都是裝出來的，只有這才足以解釋，為什麼看上去努力的人多，但實際上有智慧的人卻少之又少。

　　這個思想進程，概念類似於有一句話是這麼說的：「三十歲以前，若沒寫過風花雪月，那說明你太蠢笨；三十歲以後，你還在寫風花雪月，那說明你笨得無可救藥。」

　　在三十歲以前，我們可以視錢如命，因為做什麼事都得要錢，你爸媽看病要錢，你買車讓女友不必受凍受寒要錢；而在你三十歲又或者功成名就以後，如果你還視錢如命，那麼說明你這一生終將被錢給綁架，因為你並沒有找到自己真正的價值，所以你才會傻到去用別人的羨慕值來衡量自己的價值。

最後補充，如果你想要持續對別人輸出價值，那麼你必然得去做一件自己感興趣的事，這邏輯也很簡單，**想要把事情做好，就得把事情做得久，想要把事情做得久，就得做自己有興趣的事。**

13

Chapter 05

學習的煩惱

14 ▶ 書本快看完了，
前面內容忘記怎辦？

書本快看完了，
前面內容忘記怎辦？

別老用記憶力去學習

不知道你有沒有聽過「五分鐘長知識」？那是我在 2022 年嘗試做的一種每日型的免費知識服務，每天早上我會在 Instagram 限時動態放上數個新聞事件及商業案例的解析，當時有讀者曾經在 Instagram 上向我提了個問題：「我要怎麼把學到的東西記起來？」他表示很多內容當下讀完覺得非常有收穫，但這些知識總會在未來的某時某刻突然遺忘。如果你也常常對此感到困擾，那麼我必須

說這很可能是「庸人自擾」。

　　我們可以試想一個問題：忘記這些知識，會降低自己未來解決問題的能力嗎？我對各個領域的知識都抱有極大的好奇心，如果你願意跟我分享一個核子彈是如何製成的，我會非常認真聆聽；之前有一位熱愛手錶的朋友，滔滔不絕連續一小時跟我分享各個手錶的品牌故事，我也非常感興趣；甚至我前陣子不知道哪根筋不對，突然上網搜尋一大堆關於愛因斯坦《相對論》的資料。如果你當下問我究竟學到了些什麼，我或許有辦法跟你侃侃而談，但如果你間隔一個禮拜再來問我，我有極大的機率會告訴你：「我已經忘記八成以上了。」這邏輯也不難推想，因為「記住」的前提是「複習」，而在成年人的世界裡，有大把時間是貢獻給工作的，這意味著當我們學習到的知識，沒有辦法實際幫助我們解決日常生活或工作上的具體問題，那麼在沒有撥出特定時間去複習的情況下，怎麼可能記得住呢？

理解了這個道理之後就會明白，為何我面對大量被遺忘的知識，我並不會因此而感到焦慮，因為所謂記憶，本質上是我篩選重要資訊的機制，如果你想要反對這樣的常規去硬記某個內容，那麼結果就只會像是我們在學生時期一樣，痛不欲生。

發展你的「第二大腦」

　　這時候可能會有人反駁，都說「書到用時方恨少」，那些不見得會常態性使用到的知識，並不代表不會在未來的某時某刻，成為解決問題的關鍵，因此在無法預料知識在什麼情況能派上用場的前提下，我們盡可能地把所有知識都記起來，這樣難道不正確嗎？

　　先姑且不論正確性，可以確定的是這難免淪為理想主義。最理想的狀態，當然是在有生之年把全世界的書都給

讀一遍，並且全部都記下來，但這顯然不夠現實，因為大腦是存在記憶的生理極限的。美國知名作家 David Allen 曾經說過一句話：「大腦是用來產生點子的，而非儲存點子。（Your mind is for having ideas, not holding them.）」

接著，學習知識的原因，是希望在未來遇到問題時，可以隨時提取知識，為我們所用，那麼我們就只管思考一個問題：「除了用腦子記住以外，還有沒有什麼方法，可以達成相同的隨時提取知識的目的？」有的，就是把所有知識給「數位化」。具體的做法是改掉用手寫筆記的「壞習慣」，並養成用電腦或數位裝置紀錄的習慣。這裡並不是否定手寫的好處，實際上，手寫有助於在面對問題時減少焦慮。如果你在面對兩難問題躊躇不前時，你可以拿出紙筆，將你面臨的問題跟選擇利弊寫下來，這可以更好地幫助大腦回歸理性、梳理邏輯，進而減少焦慮。

用紙筆做筆記，確實也可能大大增加自己的記憶效率，但如同我方才說的，在大腦存儲空間有限的前提下，

14

如果你希望達成的目的是在未來面對問題時，能夠隨心所欲的提取知識，那麼你就必須習慣去用電子裝置紀錄一切資訊，讓大腦去專注從事需要創意的事，讓機器去做不需要動腦就能完成的事。舉一個例子，假設你是一個很喜歡看書的人，過去兩年你看了十本書，你在寫文章的時候突然想引用某句格言，但你忘記那句話是出自哪一本書的，那麼你要怎麼找到這句話？如果是習慣用手寫筆記的人，可能就會翻開一本又一本的筆記，或是把那十本書通通翻一遍，最後找到那句格言。但換作是習慣將資訊數位化的人，他會怎麼做？他只要打開筆記軟體，按下快捷鍵，打上格言當中的某個關鍵詞，五秒之內就可以找到了。光是在資料尋找的效率上，就已經是別人的數十倍高效，更遑論手寫跟打字的紀錄效率。

另外，用手寫方式做筆記還存在一個致命傷──當你獲取資訊的渠道愈多，閱讀的文章跟書籍愈多，那麼找資料的效率就必定越低效。例如你是一個很喜歡心理學的人，你此前讀過五十本心理學書籍，你想要找到其中某

一段內容，你就得逐一翻開這五十本書。而換作是使用數位工具做筆記的人，就算我讀的書是一百本甚至一萬本，我找資料的方式仍然是輸入關鍵詞就能快速找到，效率不會受到半點影響。

如果你順利被我說服了，準備開始使用數位化工具，那麼千萬不要準備打開 Word 或 Pages，打算把你的所有筆記記錄在文件裡面，因為可以預見的，你在未來雖然不會出現像之前那樣為了「找內容」所苦，但你會深陷另外一個問題，就是「找檔案」。

這邊推薦你直接去使用「Notion」或「飛書」這類工具，網路上有人稱之為「第二大腦」，原因在於他允許你在一個頁面上，放入文字、圖片甚至音檔和影片，並且可以直接在頁面上預覽播放，還可以放 Google Map、行事曆以及具備篩選功能的表格等等，你也可以將頁面分享給你的朋友、同事和員工，讓大家線上編輯同一個頁面。

當初我接觸到這個軟體的時候，想法只有一個：「原來世界上有這麼聰明的軟體。」實際上，我之前把這個軟體介紹給我身邊一些工作能力很強的朋友們，他們大多也都表現出很震驚的樣子，因為這絕對能夠提升你在工作上的效率數十倍以上。

　　我知道，你即便現在已經非常清楚數位化到底有多重要，但你可能會糾結一件事：「我以前做了這麼多筆記，要全部輸入到電腦裡，那得花很多很多時間。」沒辦法，這就是過渡期，我當初將電腦中存放的上百個文件檔，還有手邊一堆筆記，一個一個輸入到 Notion 裡進行分類管理的時候，也覺得這是一份累人的工作，但**沒有任何一次成長是不用付出代價的**。我能保證的是，當你完成了這個壯舉後，你未來的知識世界會豁然開朗，因為你等同於擁有了一個存儲空間無上限，又能快速調度所需知識的「第二大腦」。

別用「考場思維」來面對問題

說回剛剛的話題，在數位時代我們要理解什麼是真正的「學會」？在電腦工具這麼發達的情況下，傳統的「學會」，也就是**「用腦子去記憶」的方式，大多情況下只適用於考場，而非職場**，我們在學生時代被訓練出來一種最糟糕且不實用的思維就是「考場思維」，也就是我們認為「記住」和「學會」是必然畫上等號的，考場上要求我們什麼內容都得用腦子去記，唯有記起來，才能在考試的時候解決問題。但什麼是「職場思維」？就是不論你是用腦子記，還是翻開書本，甚至是打開筆記軟體，不管你用什麼方法，只要能找到所需的知識去解決問題，那通通是好方法。所以結論是，在數位時代裡，用數位工具做筆記，有時候比用腦子去記更重要。

最後，我想送你一句我喜歡的話，如果你常常受學過之後忘記所苦：「學習就像竹簍打水，即便讀過之後就忘了，但每一次經過知識的洗禮，你終將變得更加清澈。」

14

再提一次先前講過的：「在你的氣質裡，藏著你走過的路，看過的書，和愛過的人。」你或許會忘記自己曾經走過什麼路、看過什麼書，甚至和誰在一起過，我們可能會忘記那些細枝末節，但不會忘記那些感受，它們會存在於腦袋中的某一個角落，並時刻影響我們的行住坐臥。

記不起來又怎樣、忘了又怎樣，至少那些重要的事和重要的人，你是一輩子不會忘記的。

願意讀完這本書的，
都是帥哥美女

　　開頭想先跟你說聲抱歉，很抱歉我在文章中的用字遣詞可能過於犀利，希望你能相信我不是有意的，我只是希望能盡可能降低浪費你時間的可能，並直白地讓你理解我認為重要的知識。

　　挺感謝你願意購買這本書的，我不是個特別有名的人，也沒受過體制內特別高等的教育，只是一個受過很多貴人幫助才得以安好走到現在的平民百姓，期望能夠藉由自己所學，多少幫助曾經跟我一樣困頓的生命。如果奢求這本書能對你人生的方方面面有全然幫助，或許過於理想主義，所以僅奢求能在茫茫的知識海中，讓你撈到一句覺得當頭棒喝的隻字片語，那或許就能像溺水的人

抓到一根浮木一樣，得以讓我們滿血恢復，再次提起勇氣面對現實的殘酷，如此我就功德圓滿了。

作為一個小時候屢屢被老師放棄和小學六年級才會寫自己名字的人，很難想像自己有機會寫出一本書，也很難想像能跟以前常常購書的「時報出版」合作，感謝他們不嫌棄我這樣的人，才有了這本作品，也對主編巧涵非常抱歉，因為太忙碌了，所以一直無限拖稿。

如果覺得內容對你有幫助的話，希望你能寫篇文章、發則動態，將好內容分享給更多人看到，也幫助還願意繼續守護出版業的「時報出版」，線下書籍的銷售越來越難做了，但我相信紙本書的溫度和碰觸感，仍是電子書無法取代的。

願正在閱讀文字的你，將來能過得順遂，一生被溫暖的人、事、物給圍繞，若真的不幸遇到挫折時，希望這本書能多少提供給你些有用的智慧，祝福你！

參考資料

1 《如何讓人喜歡我：前 FBI 探員教你如何影響別人、營造魅力、贏得好感、開啟「好人緣開關」！》
作者：傑克‧謝弗、馬文‧卡林斯

2 《思考的藝術：52 個非受迫性思考錯誤》
作者：魯爾夫‧杜伯里

3 《通往財富自由之路：教你如何變得更有價值！早晚有一天，可以不再為了生活出售自己的時間》　作者：李笑來

4 《暗理性：如何掌控情緒》　作者：衛藍

5 《Marriage, a History: How Love Conquered Marriage.》
By Stephanie Coontz

6 〈Elon Musk USC Commencement Speech〉USC Marshall School of Business Undergraduate Commencement 2014. By Elon Musk

7 TED Talks:〈Poverty isn't a lack of character; it's a lack of cash.〉By Rutger Bregman

8 TED Talks:〈The power of yet.〉By Carol Dweek

9 TED Talks:〈8 traits of successful people.〉By Richard St. John

canningvale
— LOVE YOUR HOME —

Alessia 阿萊西亞 Bamboo 雙人床組四件組，讓你在成人世界拚鬥打滾後，回到舒適的被窩中徹底放鬆！

Alessia 阿萊西亞 Bamboo 雙人床組四件組（枕頭套 ×2、被套 ×1、床包 ×1）

採高密度緞紋編織、含有60％的透氣絲滑竹纖維，
擁有四季皆宜的舒適透氣感！
絲綢般的滑順、羽絨般的柔軟感，保護皮膚免受刺激。
榮獲嬰幼兒產品／專業色牢認證！
全台創新五年保固，提供您六星級般的使用體驗！

（共有玫瑰金、冰河藍、薄荷綠三色）

成人世界生存邏輯

作　　　者——武敬凱
主　　　編——林巧涵
責任企劃——蔡雨庭
封面設計——高郁雯
版面構成——林曉涵

總 編 輯——梁芳春
董 事 長——趙政岷
出 版 者——時報文化出版企業股份有限公司
　　　　　　108019 臺北市和平西路 3 段 240 號
　　　　　　發 行 專 線—(02)23066842
　　　　　　讀者服務專線—0800-231705、(02)2304-7103
　　　　　　讀者服務傳真—(02)2304-6858
　　　　　　郵　　　撥—19344724 時報文化出版公司
　　　　　　信　　　箱—10899 臺北華江橋郵局第 99 信箱
時 報 悅 讀 網——www.readingtimes.com.tw
電子郵件信箱——yoho@readingtimes.com.tw
法律顧問——理律法律事務所 陳長文律師、李念祖律師
印　　　刷——勁達印刷有限公司
初版一刷——2023 年 12 月 8 日
初版三刷——2023 年 12 月 29 日

定　　　價——新臺幣 350 元

（缺頁或破損的書，請寄回更換）

成人世界生存邏輯/武敬凱作. -- 初版. --
臺北市：時報文化出版企業股份有限公司，
2023.12
　　面；　公分
ISBN 978-626-374-659-6(平裝)

1.CST: 自我實現 2.CST: 生活指導

177.2　　　　　　　　　　　112019790